매일 새벽, 살아온 날 수를 노트 귀퉁이에 기록한다.
어제 죽고 오늘 다시 살아나는 일상의 의미를 잊지
않으려고. 함께 걷는 주님의 마음이 헤아려질수록,
이 생명 길 여정이 자꾸만 더 좋아진다. 가능하면
좀 더 나를 내던져, 주님이 이루실 새 일을 맛보고
싶어진다. 예수님의 승리 위에서 사랑하는 교회와
함께 걸으며, 점점 더 '자유'와 '여유'가 열매 맺는
이 삶이 사무치도록 사랑스럽다.

정갑신

씨앗들의 노래:
떨어져, 엉겨 붙어, 약속을 틔우는

씨앗들의 노래:
떨어져, 엉겨 붙어, 약속을 틔우는

정갑신

총신대학교 신학과와 서울대학교 사범대학원, 총신대 신학대학원을 졸업했고, 창신교회를 섬기던 중 개척의 부르심을 받고 2009년 8월 화성시 향남읍에 예수향남교회를 개척했다. 복음적 교회 개척과 갱신을 위한 CTCK-TGCK-복음과도시 사역에 참여하고 있으며, <대답하는 공동체> <사람을 사람으로> 등을 저술했다.

책을 펴내며

초유의 형식으로 출간되는 책의 저자가 된다는 건 매우 영광스럽고 두렵고 심지어 부끄러워지는 일입니다. 더구나 '고작' 개인의 설교에 불과한 원고를 필사를 위한 '명문'으로 치장하는 일이라니, 몹시 부담스럽습니다. 그러나, 새로움에 대한 설렘과 감출 수 없는 공명심에 이끌려 두 손으로 제 눈을 가리기로 하였습니다. 기획자이신 김성웅 목사님이 저를 설득하는 일에는 거의 어려움을 느낄 겨를이 없었을 겁니다.

<떨어져, 엉겨 붙어, 약속을 틔우는, 씨앗들의 노래>.... 라는 타이틀은 제 설교에서 원고 내용들을 선별하고 다듬은 박성경 전도사의 생각이었습니다. 저는 비교적 최근에 읽었던 헨리 나우웬의 공중곡예 열망에 관한 책 <날다, 떨어지다, 붙잡다>을 연상시키는 그 제목이 퍽 마음에 들어 쉬이 동의하였습니다. 경기도 화성의 한 구석진 곳에서는 목에 힘주어 외칠 수 있었으나, 이 소리가 대지를 향한다니 다소 위축되는 느낌이었습니다.

그러나, 박 전도사가 달아준 제목이 왠지 소박한 글들에 생명을 불어넣고 날개를 달아주는 느낌이었습니다. 박 전도사에게 더할 나위 없는 감사를 표하고 싶습니다.

설교 준비를 위해 말씀을 펼칠 때마다 설렘을 주시는 성령의 은혜 덕분에, 목에 힘주어 외칠 수 있도록 허리를 곧추세우고 온통 집중한 열정으로, 항상 말씀에 귀 기울여 주시는 예수향남교회 성도님들 덕에, 말뿐일 수 있겠으나 자기들의 담임목사를 부끄러워하지 않으시는 당회원 장로님들과 부교역자들 덕에, 종종 겸연쩍어하는 한 두 마디 격려로 두려워하는 남편의 마음을 다독여준 아내 덕에, 지금껏 설교자의 삶을 지속할 수 있었던 것에 대하여 마음 깊이 감사드립니다. 무엇보다, 자주 실수하고 위축되는 자를 이끄시는 주님께서 항상 옳으시고 신실하시다는, 가슴 뛰는 엄연한 사실로 인해, 마음 깊은 행복을 고백하고 싶습니다.

"계절이 지나가는 하늘에는 가을로 가득 차 있습니다." (윤동주)
 2025년 9월의 마지막 날,

예수향남교회 목사
정갑신

A Song of the Seeds:

Falling, Huddling, and Sprouting

제1부　떨어지다
　　　　밤을 걷다 질문하기　　　　11

제2부　영원한 빛, 그리고 샘물
　　　　안식하게 하는 말씀　　　　65

제3부　엉겨 붙다
　　　　기대어 꽃내음 나는 몸들　　　　105

제4부　틔워 흩어지다
　　　　회복될 그날을 내다보며　　　　143

제5부　다시 떨어지며 틔우기를 소망하다
　　　　반복하는 아름다움에 관하여　　　　177

부록　　계절의 리듬 안에서
　　　　함께 부르는 노래　　　　211

1부

떨어지다

밤을 걷다
질문하기

Ultimate Questions
We Need to Ask

1. 받아 주시려 밀어내신다
2. 누구에게서 들으며 누구 백으로 사는가?
3. 철벽같더라도 가서 말하라
4. 질문과 만남의 사건으로 쓰이는 행전
5. 말씀이 현실을 만날 때
6. 하나님 마음을 감당할 수 있는가?
7. 지나간 자리에 남을 것들
8. 참 좋은 사랑
9. 끌려다니며 끌어가는 자
10. 바울과 고린도, 고린도교회
11. 부르신 목적으로 분열을 덮는다
12. 자랑할 약함 극복할 약함
13. 복음 권리장전
14. 까불지 않고 뿌리에서 생각하기
15. 환난을 위로와 소망의 재료로
16. 사랑과 슬픔이 뒤엉켰어도 손을 내밀라
17. 스마트폰으로 삐삐치기라니
18. 황금을 보관하는 휴지통
19. 그 힘으로 회복할 수 있습니다

1 받아 주시려 밀어내신다.

사도행전 2장 14~47절

> 하나님이 거절하시는 것 같은 시간은 두려움으로 우릴 압도합니다. 우리를 충격으로 놀라게 만들고 아프게 찌르는 것 같습니다. 그러나 이 고통의 때는 우리를, 그분을 닮은 아름다운 자녀로 빚으시기 위해 허락하신 사랑의 시간입니다. 말씀에 비쳐 맑게 정련되는 성찰의 시간입니다. 상황과 자기 판단에 쉴 새 없이 흔들리던 믿음을, 영원하신 하나님의 언약 위에 세우는 도약의 시간입니다. '받아 주시려 밀어내시는' 이 지극한 마음을 헤아릴 수 있다면, 우리는 찾아온 고난을 사랑으로 해석할 수 있습니다.

하나님이 우리를 밀어내시는 시간, 하나님으로부터 거절당하는 것 같은 고난의 시간에 비로소, 지나온 시간과 자기 자신을 가장 깊은 차원에서 성찰하며 성장한다.

하나님의 밀어내심은 결국 우리를 제대로 받으시려는, '변장한 초대'라고 할 수 있다.

하나님을 믿는다는 건, 거절당하고 외면당하는 것 같은 상황에서도 자신을 성찰하며 버티는 거다. 하나님 대신 자기 생각과 욕망을 믿는 소위 '포장지 믿음'을 과감하게 거둬내는 시간이다.

자신과 주님을 살피면서 고난의 시간을 응시하며, 찬찬히 통과하는 게 중요하다. 그리고 점차 고통이 있건 없건, 날마다 말씀이 꿀같이 달아지는 길을 열심히 달리기 시작하면 된다. 하나님 말씀에 비추어 자신을, 주님을 자세히 살피고, 그 말씀에 나를 맡기는 희열은 세상 그 어떤 것으로도 대신할 수 없다.

2. 누구에게서 들으며 누구 백으로 사는가?

사도행전 4장 1~22절

> 인생의 문제 앞에서 유일하게 대답해 주실 분을 생각합니다. 참사랑이신 그 하나님을 의지할 때, 우리는 두려워할 필요가 없는 것들 앞에서 담대한 힘을 얻게 됩니다. 세상은 손에 잔뜩 쥔 것들로 매섭게 위협합니다. 그러나 그들은 하나님의 사랑에 완전히 사로잡힌 신자를 결코 이길 수도, 감당할 수도 없습니다.

함정에 빠진 것이다. 하나님과 소통하지 않은 채 권력을 손에 쥔 자들이 택할 수 있는 길은 오직 폭력뿐이다.

그들에겐 하나님께 물을 힘이 없었다. 하나님과의 인격적 소통 대신, 종교 권력의 제도를 굴리는 데 몰두한 지 이미 너무 오래됐기 때문이다. **하나님이 아니어도 뜻을 이루게 해 주는 권력과 재물과 지식이 있었기 때문이다. 그것이 하나님께 질문할 힘을 빼앗아 가는 치명적인 독이었다.** 문제는 하나님이 아니어도 의지할 게 많은 자들에게, 하나님 말고는 의지할 수 있는 게 없는 때가 온다는 거다. 돈도 인맥도 권력도 안 통하면서 순식간에 완전히 지질해지는 시간이다.

그들을 그런 애매함에 빠뜨린 건 두려움이었다. 백성들에 대한 두려움, 위협받는 자기들의 존재가 흔들리는 불안에 대한 두려움. **여쭙고 듣고 대답할 '나의 하나님'이 없었기 때문이다.**

우리는 소유와 힘과 권력이 지극히 중요한 세상에 의해 부서지신 예수님을 따른다. 그분은 **단지 부서지신 게 아니라, 우리 대신 자발적으로 부서졌다.** 그 절대적 사랑 때문에 우리는 여기 있다. **이제 우리는 알게 된다.** 진정한 자유, 부요함, 안식, 눈부신 생명이 부서짐을 통해 탄생했다는 것을.

3 철벽같더라도 가서 말하라

이사야 6장 1~13절

> 신자의 현실은 좀처럼 녹록지 않고, 벼랑 끝으로 내몰리는 것 같은 순간도 찾아옵니다. 말씀만으로는 도무지 위로되지 않고, 복음이 그저 힘없는 한 줄 명제에 지나지 않다고 느껴집니다. 사단은 하나님이 우리의 작은 일상에는 도무지 관여하지 않을 것이라고 소리치며, 우리로 의심과 두려움에 휩싸이게 만듭니다. 그러나 말씀에 비추어 제대로 보아야 합니다. 고치시는 빛으로 불신의 쓴 뿌리를 제거해야 합니다. 도리어 아버지 하나님의 완전한 침묵 속에 버려진 시간, 절망 끝으로, 완전한 죽음으로 나아가야 합니다. 그곳에서 생명이 다시 시작되기 때문입니다. 십자가 위에서 끝내 하나님께 영혼을 내어 맡기신 예수님의 싸움이 바로 그것이었습니다. 죽음을 향해 가면서도 소망의 노래를 부르신 주님을 기억하는 것, 신실하신 아버지를 끝내 신뢰하는 이 여정이 바로 신자의 삶입니다.

참 희망은 어설픈 절망에서는 시작되지 않는다. 완전한 절망, 완전한 황폐, 완전한 무너짐에서만 진실로 순결한 희망이 싹 틀 수 있는 거다.

어쩌면 한국교회는 지금보다 더 황폐하게 무너져야 하는지도 모른다. 우리의 희망에는 항상 속된 욕망이 섞이기 때문이다. 따라서 **그 어떤 것도 기대할 수 없을 때까지, 내 젓가락을 얹을 여지가 완벽하게 없을 때까지 기다려야 한다.**

4 질문과 만남의 사건으로 쓰이는 행전
사도행전 9장 32~43절

> 신자는 질문하고 듣는 과정에서 점점 더 주님의 마음을 배워갑니다. 단단하게 빚어집니다. 예수 닮은 사람으로 자꾸만 깊어집니다. 묻고, 듣고, 순종으로 답하며 분투하는 한 걸음이 모여 찬란한 여정을 이룹니다. 그 길에서 예상치 못한 만남이 주어질 때, 신자는 믿음의 눈으로 주목하게 됩니다. 복음 안에서 만남의 의미를 새롭게 해석할 수 있게 되는 것입니다. 그렇게 교회가 세워집니다. 하나님이 이루시는 기적 같은 일들, 곧 복음의 사건을 가장 가까운 곳에서 함께 지켜보는 공동체가 되는 것입니다.

성령은 질문하는 자에게 답하시고, 그 답에 대한 우리의 순종을 만남으로 이끄시고, 그 만남이 사건이 되게 하신다.

기도는 하나님이 하시려는 일에 우리를 참여시키시는 하나님의 초대에 부응하는 순종이고, 하나님의 마음 안으로 들어가는 탐사의 여정이고, 하나님이 친히 행하신다는 걸 알게 하여 하나님을 더 신뢰하게 만드는 선물이다.

하나님의 핵심 목적 중 하나는 우리를 키우시는 거다. 우리를 통해 세상이 예수를 느낄 수 있을 때까지 단단하고 아름답게 성장시키시는 거다.

그래서 우리에게 질문하게 하시고, 우리를 통해 새로운 만남을 이루시고, 그 만남이 예수 사건, 복음의 이야기들이 되게 하시는 거다.

믿음은 질문하게 한다. 질문하고 답하려는 여정에서만 단단하고 깊게 성장하는 거다. 질문과 대답의 여정에서 생각지 못했던 사람들을 만나고, 주님의 개입하심으로 바로 그 만남이 사건이 되고, 그것이 우리의 사도행전이 되는 거다.

5 말씀이 현실을 만날 때

사도행전 14장 1~28절

현실을 피하지 않고 정면 돌파하신 분이 예수님입니다. 죄, 피 흘림, 죽음, 곧 아버지와의 단절과 같은 엄중한 현실이 그분 앞에 놓여 있었고, 동시에 영원하신 하나님의 언약, 그 신실한 사랑도 그분 안에 있었습니다. 말씀이 현실 위에 떨어져 심기자 비로소 생명이 피어났습니다. 그러므로 신자도 '살기 위해 피하는 도망자의 길' 대신 '하늘의 생명을 이 땅에 연결하는 중매자의 길'을 갑니다. 우리에게 필요한 것은, 눈에 보이는 현실이나 경험이 주는 확신이 아닌 말씀의 현실, 곧 영원한 언약을 신뢰하는 일입니다. 마침내 세상은 그런 신자를 향해 질문할 것입니다. "그러면 우리가 어떻게 하면 되겠소?"

분노와 분노가 만나면 전쟁이다. 사랑과 사랑이 만나면 평화다. 분노와 사랑이 만난 일이 있었다. 모든 분노의 총합보다 더 큰 하나님의 분노와 모든 사랑의 총합보다 더 큰 하나님의 사랑이 십자가에서 만났다. 전쟁이 벌어졌고, 피가 흘렀지만, 하나님이 자신과 싸우는 전쟁이었고 하나님 자신의 혈관이 터지며 흐른 피였다. 그 전쟁과 피로 평화와 화해가 찾아왔다. 주님은 우리를 그 전쟁에 초대하신다. 그 길이 아니면 살길이 없기 때문이다.

핍박과 박해는 복음의 씨앗을 퍼뜨리는 바람일 뿐이다. 그 바람에 가짜는 소멸해도, 진짜는 더 왕성하게 된다. 복음이 침묵할 수 없는 위대한 기쁨과 자유와 담대함을 주기 때문이다. 산 위에 있는 동네처럼 결코 감출 수 없다. 신자는 살기 위해 피하는 도망자의 길 대신 하늘의 생명을 이 땅에 연결하는 중매자의 길을 가는 자들이다.

현실은 지질하게도 선동당한 루스드라 사람들에 의해 사도가 돌 맞아 죽는 거였다. 하지만 거기가 바로 신자와 교회의 자리다. 죽는 자리, 완전히 패한 것 같은 자리다. 하지만 거기서 다시 일어나는 거다.

사도들은 완성된 신앙으로 움직인 자들이 아니라, 여전한 연약함에 맞서 사투를 벌이는 동안 자기들을 확고하게 붙드신 예수님과 그의 말씀에 **사로잡혔던 것이다.** 말씀이 현실을 만나는 모든 곳에서 새 창조가 일어난다는 확신으로 행했던 거다. 따라서 우리가 붙들 것은 그들의 행동이 아니라, 그들을 붙들고 있던 말씀, 오늘 우리 손에 주신 그 말씀이다.

6   하나님 마음을 감당할 수 있는가?
이사야 14장 24~27절

> 신자는 비록 숨 막히는 현실에 놓였음에도, 하나님
> 나라에서만 누릴 수 있는 부요함과 자유를 경험했으므로,
> 기꺼이 그 나라의 통치를 받기로 결정한 자들입니다.
> 그러나 타인과 선을 긋고는 특별한 존재감을 누리려는
> 건 아닙니다. 언제라도 교묘한 동기를 품은 채, 명분과
> 겉모양만 교회에 속할 유혹에 사로잡힐 연약함을 인정하기
> 때문입니다. 신자의 투쟁은, 오히려 이 모든 싸움을 다
> 싸우고 승리하신 주님의 마음을 자꾸만 헤아리려는
> 분투입니다. 그러는 사이 나와 너의 경계가 허물어지고,
> 우리 모두가 주님의 말씀 앞에 겸손히 판단 받을 자들임을
> 알게 되는 것입니다.

진정한 복수는 원수가 죽어 없어지는 게 아니라, 원수가 돌이키는 거다. 진짜 회복은 서로 부둥켜안는 거다. 원수가 내 발 앞에 복종한다면 만족감을 즐길 수 있을 거다. 하지만, 그래서는 영원토록 하나님을 닮을 수 없다. 그리고 하나님을 닮지 않고서는 하나님과 함께 살 수 없다. **하나님은 우리 안에 영원히 용서 못 한 자의 어두운 그늘이 단 한 줄이라도 남기를 원치 않으신다. 그래서 원수를 사랑하라 하신다.**

신앙이란 늘 힘찬 게 아니라, 하나님 마음이 감당 안 돼 허덕거리면서도 주님 찾는 길 외엔 다른 길이 없다는 걸 알고, 버티고, 결국 다시 이겨내는 여정에 가깝다.

7 지나간 자리에 남을 것들

사도행전 17장 1~15절

> 진리의 올곧음은 몸을 부풀리며 으름장을 놓는 저항 앞에서도 작아지지 않습니다. 이러한 진리는 무척 흠모할만해서 간절한 마음을 지닌 이들에게 깊이 성찰됩니다. 제대로 깨닫기만 한다면, 상황과 관계없이 영원히 옳으신 하나님을 신뢰하지 않을 수 없습니다. 무엇을 남기려 하지 않고, 상황이나 반응에 연연하지 않을 수 있는 것입니다. 예수와 함께 걷는 길을 선택하게 되는 것입니다. 그러한 신자가 지나간 길 위에는 반드시 흔적이 남습니다. 예수의 사랑과 성품으로 빚어진 존재가 새겨집니다.

진짜는 가짜를 불안케 한다, 가짜가 진짜를 박해하고 쫓아내는 게 기독교 역사에 가득했고, 진실은 초라하게 쫓겨난다. 하지만 중요한 건 이런 부당한 고통과 초라한 결말 끝에도 교회가 남는다는 거다. 그게 진리의 힘이고 속성이다. 따라서 우리가 다시 붙들 것은, 사람들이 좋아할 만한 뭘 찾는 게 아니라, 쫓겨날 때까지 예수의 진실을 전하는 거다.

꼼꼼히 들여다보고 성찰한 끝에 생기는 믿음은 더 단단할 수 있다.

기적이 불필요하다는 게 아니라, 존재의 성장이 비교할 수 없이 중요한데, 사람은 기적으로 성장하는 게 아니라, 고난 중의 각성으로 더 확고하고 묵직하게 성장하기 때문이다.

신자에게 중요한 건 승리를 위한 상황이나 승률이 아니다. 하나님의 진실을 하나님이 원하시는 때에 하나님이 원하시는 방식으로 전하는 것만 중요하다.

변증에서 가장 중요한 건 사랑의 여유다. 하나님은 마침내 옳으시고 관대하시고, 의심하는 사람도 사랑하신다는 확신이 주는 여유다.

8 참 좋은 사랑
요한복음 21장 1~14절

> 떠나보낼 준비를 하시는 예수님의 마음을 헤아려보면 어쩐지 먹먹합니다. 잘 자랐으면 하는 마음, 혼란과 역경 앞에서도 담대하고 겸손한 예수의 사람이길 바라는 마음. 주님의 신실하신 사랑은, 가장 깊은 절망 속까지 비집고 들어와 끝내 우리에게 손을 내밉니다. 제대로 떠나보내기 위해 회복시키시고, 떠나시고, 성령을 보낼 것입니다. 세상 끝 날까지 함께하겠다는 약속을 끝내 지키실 것입니다. 영원히 안전한 이 품 안에서 더 과감하게 믿음의 여정에 뛰어들도록, 사무치는 열정으로 그들을 인도하실 것입니다.

예수님의 떠나심은 오히려 제자들을 세상으로 보내시는 행동이었다. 떠나는 사람과 보내는 사람 사이에서 더 간절하고 고통스러운 쪽이 어딘지 우린 잘 알고 있다. **고통은 보내는 자의 몫이다. 예수님은 떠나는 자가 아니라 보내는 자의 자리에 계셨다. 내 안에서 예수님이 멀리 계신 듯 느껴진다면, 그때 예수님은 더 큰 고통 속에서 더 가까이 계시다는걸 기억해야 한다.** 그럴 수 있다면, 마음이 새로워질 수 있고 자신의 정체성도 더 분명해질 거다.

내 존재를 변화시키는 사랑은 내 안에 어떤 '거룩한 상처'를 남기는 사랑이다. 도무지 헤아려지지 않는 이상하고 기이하고 놀랍고 충격적인 사랑, 그래서 그 사랑으로부터 도망치고 싶고, 내 안에 감당할 수 없는 자책과

죄책감의 상처를 남기는 사랑, 하지만 끝내 그 사랑에 굴복당하여 그 앞에 엎드리고 그 사랑과 연대하게 만드는 사랑, 그런 사랑만이 내 안에서 깊고 영구적인 존재의 변화를 일으키는 거다.

9 끌려다니며 끌어가는 자
사도행전 25장 1~27절

> 성도는 도무지 정의를 기대할 수 없는 현실에 발 딛고 삽니다. 숨 쉴 틈 없이 통제하려 드는 사악한 정신들에 몸과 마음이 찢길 것 같습니다. 그러나 우리의 숨통을 조여오는 게 무엇이든 간에, 흔들리고 짓밟힐지언정 우리의 영혼만은 '끌려다니지' 않을 수 있는 비밀이 있습니다. 오직 사랑과 진리로 통치하는 참된 왕이 이미 오셨다는 진실. 찢길 당신의 백성을 대신해 자기 몸을 찢으라 내어주신 그 사랑 어린 왕. 영원히 주어졌고, 이미 이뤄진 바로 이 약속을 따르는 길이, 가장 적극적으로 '끌어가는 삶'인 것입니다.

예수를 따른다는 건, 그간 '자유'라 생각하며 누리던 게 어느새 증발하고 있는 걸 지켜보며 견디는 거다. 동시에 '자유'라고는 결코 느낄 수 없는 '희생과 갇힘'을 오히려 자유라고 느끼는 신비다.

일방적으로 끌려다녀야만 하는 바울은 총독의 제안을 단호하게 거절한다. 예루살렘으로 갈 바엔 황제에게 항소하여 로마에 가겠다고 결단한다. 하지만 이건 거절이 아니라 순종이었다. **주님 말씀과 약속에 끌려가면 주님과 함께 끌어가는 삶을 사는 거다.** 주님께서 주신 말씀과 약속에 끌려가는 자가 결국에는 끌어가는 자가 된다는 걸 알게 해 주는 대목이다. 목표가 유죄판결을 받느냐의 여부가 아니라, 주님의 뜻을 따라 로마까지 가서 복음을 전하는 거였기 때문에, 상황에 매이지 않을 수 있었던 거다. **바라보는 지점이 달라야 현재의 끈적거리는 상황에 매이지 않을 수 있는 거다.**

10 바울과 고린도, 고린도교회

고린도전서 1장 1~3절

> 바울의 선교 사역이 녹록지 않은 것은 사실이지만, 하나님은 한쪽 문을 닫으실 때마다 이전에는 보이지 않았던 새로운 길을 펼쳐 보이셨습니다. 진실한 동역자, 새로운 예배 처소, 예상하지 못한 놀라운 회심 사건들. 모든 환경과 형편을 세심하게 돌보시며 적실한 일을 이루고 계신 것입니다. 많은 성과를 거두어서가 아니라, 숱한 실패를 통해, 그것과 연결되는 새로운 차원의 일을 창조하시는 하나님을 경험할수록 교회는 더욱 든든히 세워집니다. 이 비밀을 아는 신자들은 스스로 '은혜 입은 자'로서 자리매김하며 이 모든 사역의 주인이 오직 하나님이심을 겸손히 고백하게 되는 것입니다.

하나님의 현실은 우리의 연약함과 허물을 뚫고 찾아오신 예수의 죽음을 통해 지금 여기 몸과 일상 안에서 맑은 정신으로, 성령을 좇아 하나님의 새 창조의 현실을 사는 것이다.

하나님의 은혜는 우리가 도무지 감당할 수 없는 은혜다. 그런데 그게 어느새 내 현실이 됐다. 그러니 그 은혜를 제대로 받은 사람이라면 주제넘게 누리게 된 그 은혜 때문에 절대 교만할 수 없다.

어떤 문제든지 모든 답은 예수님의 죽으심과 부활을 내가 자신의 사건으로 이해하는 만큼 얻어질 것이고, 동시에 그 사건 위에서 성령이 빛으시는 내 정체성을 마음에 선명하게 담을수록, 우리 각 사람과 교회는 모든 상황과 현실에 대해 훨씬 더 명확하고 본질적으로 합당한 답을 찾을 수 있다.

(이어서)

우리가 우리의 모든 상황에서 가장 옳은 방식으로 바른 답을 얻을 기회는, '정체성 확인'에서부터 시작된다.

내 결정적 신분은 변함없는 주님의 은혜가 확립해 주는 것이다. 주님의 은혜와 평강에 감싸여 빚어지는 정체성은 시간이 갈수록 더 아름답게 빛나는 '나다움'을 형성한다.

신자는 무엇보다 하나님의 교회 신자다. 어떤 특정한 사람의 교회가 아니라, 하나님이 설립하셨고 우리 생각보다 훨씬 크신 하나님이 책임지시는 교회, 그래서 하나님께 귀 기울여야 하는 신자다.

11 부르신 목적으로 분열을 덮는다.

고린도전서 4장 4~17절

> 분투하는 현실 한복판에서 완성된 내일을 오늘의 삶과 연결하는 특권은, 오직 복음 안에서만 누릴 수 있는 영원한 복입니다. 그러므로 우리는 더 이상 불확실한 미래를 위해 오늘을 희생시킬 필요가 없습니다. 분주하게 자신을 증명하며 허기진 삶을 채우기에 급급하지 않아도 되는 것입니다. 우리가 부름을 받은 이유는, 복음이 이미 허락한 이 복된 삶을 '함께' 누리기 위해서입니다. 영원 안에서 오늘을 걷는 이토록 찬란한 여정을 먼저 누리고, 제대로 전하는 '편지'로 부름을 받은 것입니다. 바로 목적이 선명하다면, 우리는 분열하기보다 함께 걷는 길이 더 복됨을 아는 자가 될 것입니다.

우리가 쪼잔한 감정과 속 좁은 판단에 마음 도둑질을 당하지만 않는다면, 항상 감사해도 부족할 만큼 하나님의 은혜를 항상 받고 있고 또 영원토록 받을 것이다. 그러기 위해서 먼저 **부활이 언젠가 임할지도 모르는 막연하고 막막한 먼 훗날 이야기가 아니라, 매일 한 번씩 맞이하는, 오늘의 이야기라는 사실을 알아야** 했다. 이를 위해 주님은 어제의 은혜와 내일의 은혜가 오늘 우리 삶으로 연결되게 하시려고, 성령을 통해 지금 여기서 주님과 더불어 교제하는 은혜를 날마다 주시는 중이다.

폭풍 같은 두려움이 있다고 해도 괜찮다. 갈보리 고통으로 나를 살리신 주님을 보면서 마음 걸음을 천천히 떼는 동시에, 하루하루 말씀을 펼치고, 신실하게 성령을 따르다 보면, 우리는 어느새 폭풍이 우리 뒤로 물러나 있는 걸 보게 될 거다. 나도 모르는 사이에 이미 폭풍을 뚫고 지나왔던 거다. 그 길을 격려하며 잘 걸어가자.

12 자랑할 약함 극복할 약함
고린도전서 2장 1~5절

> 복음은 듣는 이들에게 효과적으로 전해지도록 가장 적절한 옷을 입습니다. 그러나 이 아름다운 전략의 목적은, 다른 어떤 것도 그리스도의 죽음과 부활보다 앞서지 않게 하려는 것이어야 합니다. 두려움에 휩싸여 복음에 무언가를 덧붙이려는 시도는 '극복할 약함'입니다. 따라서 우리에게 필요한 것은, 십자가와 부활의 이야기, 그 자체로도 이미 충분하다는 사실을 의도적으로 기억하는 것입니다. 눈에 보이는 현실 너머, 영원히 완전한 하나님의 현실을 향해 시선을 높이 드는 것입니다. 그때야 비로소 우리는 우리에게 있는 '약함'을 예수의 십자가 안에서 해석하며, 마침내 자랑할 수 있는 것입니다.

신자는 약함을 자랑하는 자다. 약함을 자랑하면 하나 될 수 있고 강함을 자랑하면 편이 갈라진다.

복음에 뭘 보태야 한다고 생각하는 것은, 복음을 더 혼잡하게 만드는 것이다. 우리는 대개 상대적 무능함을 힘들어하고, 힘과 영향력 없이 일생을 마칠까 두려워한다. 그래서 더 영향력 있는 존재가 된 듯 느끼려고, 능력자들을 찾아 연대를 과시하려는 누추함을 드러낸다. 그러나 **영향력으로 하나님 나라에 보탬이 될 거로 생각하는 것은 하나님 나라가 그 정도밖에 안 된다고 생각한다는 증거다.**

모든 상황에서 모든 힘겨움을 이길 만큼 큰 은혜를 이미 받았다는 사실을 아직 믿지 못하는 나의 약함이 십자가다.

(이어서)

삶의 힘은 정한 마음에서 나온다. 내가 죽어 예수가 산다면 기꺼이 죽는 쪽을 택하기로 한 자에게서만 힘이 나온다. 죽는다는 건, 단순히 참고 견디고 인내하고 양보하는 게 아니다. 하나님께 옳은 게 무엇인지 발견하고 어떤 위험에서도 그것에 나를 던지는 거다.

내 현실에서는 분명 염려하게 되는 거지만, 하나님의 현실에서는 염려할 필요가 없었던 일들이 얼마나 많은가?

절대 고통인 십자가 고통을 넘어 예수님께 자기 영혼을 부탁하게 했던 그 힘보다 강한 건 세상에 없다. 그 힘은 굳게 닫힌 돌문을 열고 죽음을 이기신 예수께서 우리에게 날마다 매 순간 주시는, 지금도 주고 계시는 힘이다. 나의 초라함과 현실의 불안과 절망도 이기게 하는 힘이다.

13 복음 권리장전
고린도전서 9장 19~27절

> 고통 앞에서 우리는 깨닫게 됩니다. 확신했던 모든 것들이, 사실은 예수님으로부터 온 것이 아니라 연약하고 한계 많은 나로부터 시작했다는 것을. 그간 누렸던 자유는 십자가와 너무도 멀리 떨어져 있었다는 것을 말입니다. 안타깝게도 의지에서 출발한 믿음은 언제나 힘이 없다는 것과, 복음이 주는 참된 자유는 반드시 고통을 통과하게 된다는 진실을 외면하고 있었던 것입니다. 쓰라리고 아프지만, 이제야 비로소 두려움 없이 주님께 오롯이 맡겨 그분의 너른 품, 곧 그 사랑에게로 뛰어들 용기를 얻게 됩니다. 바울이 말한 것처럼, '복음적 희생을 권리로 인식하는 사랑'을 열망하게 되는 것입니다.

복음권리장전은, 스스로 왕 노릇 하려고 몸부림하는 나의 권리를, 타인의 필요와 결핍에 넘기기로 선택하려는 마음의 결정이다.

오직 고통을 통해서만 제대로 묻게 되는 거다. 복음이 우리를 자유롭게 하는 게 분명하지만, 고통 앞에 서게 되면, 내가 누린다고 생각했던 자유가 진짜 주님이 주시는 자유였는지, 내가 만든 자기 만족적인 자유였는지 물을 수밖에 없다. 고통이 오면, 내가 믿는다고 확신했던 하나님에 대한 신뢰가 진짜였는지 질문할 수밖에 없다.

고통보다 크신 하나님을 붙들고 잘 견디면, 결국에는 반드시 복음의 희생성에 담긴 지극히 아름다운 자리에 도달하게 된다. 바울이 왜 디모데에게 '복음과 함께 고난을 받으라'고 했는지 그 의미를 조금씩 알게 된다. **예수와 함께 애매함을 견디는 동안 얼마나 우리가 놀랍게 성장하는지 알게 된다.** 매였던 것에 덜 매이는 자로, 두려웠던 것들을 훨씬 덜 두려워하는 자로, 보이지 않던 타인의 아픔들을 훨씬 더 잘 보고 거기에 참여하는 자로 훌쩍 자라가고 있는 걸 알게 되는 거다. 그리하여 익숙해짐으로 잃어버렸던 감동과 기쁨을 되찾게 되는 거다.

(이어서)

우리는 보통 복음이 주는 자유라는 개념에 익숙하다. 하지만 거기에는 어느 정도 자기중심적인 욕구가 담겨 있다. 내가 맛보고 누릴 자유의 권리 같은 게 포함된다. 하지만 절대 익숙해지지 않으므로 치열하게 통과해야만 하는 고통의 터널을 주님과 함께 통과하는 사람은, 그 과정을 통해 복음이 주는 자유가 복음의 희생성과 매우 가깝다는 사실을 발견하게 된다. 복음을 통해 내가 누릴 자유에서, 내 자유를 포기하고 희생하여 누군가를 살릴 자유로 서서히 이동하는 거다. 그 아름다운 맛을 맛보다가, 그 맛에 인생을 던지고 싶은 열망까지 일어나는 거다. 많은 분은 이런 복음의 희생성의 맛을 온몸으로 누리려고, '떠남의 길'을 선택한다. 자신의 행복한 희생으로 전하는 복음이, 갈급한 필요와 결핍 속에 있는 연약한 이들을 자유롭게 하는 걸 보는 그 맛을 선택하는 거다. 내 자유와 권리가 제한당하고 포기되더라도, 그 기쁨에 마음을 쏟고 싶은 거다. 그것은 내가 누릴 자유와 권리보다 훨씬 더 크고 위대하고 아름다운 자유와 권리다. 그 힘의 근원에 바로 십자가가 있다.

내가 현재 누리는 복음의 자유가 예수님의 희생으로 얻어졌다는 사실이 점점 더 구체화되면서, 나의 희생이라는 게 썩 대단치 않다는 게 실감 나는 순간, 대담함이 솟구친다. 그리고 아주 작은 일상에서부터, 그 힘을 통해 진정한 샬롬을 찾을 수 있다는 걸 확인하게 되는 거다.

14 까불지 않고 뿌리에서 생각하기
고린도전서 10장 1~15절

> 광야의 이스라엘을 거울삼아 우리를 성찰합니다. 정직하게 자문해 보면, 우리가 실패하는 이유는 '뿌리'를 망각했기 때문일 것입니다. 신실하신 하나님의 사랑을 잊어서, 자꾸만 다른 것에 기웃거리게 되는 것입니다. 결코 온전히 설 수 없는 우리의 정체성을 잊어서, 자꾸만 우상 숭배적 곁눈질을 일삼는 것입니다. 그러나 신자의 삶이 복음 위에 견고히 세워지면, 그리고 그것을 매 순간 기억할 수 있다면, 상황과 현실을 바라보는 시선과 선택은 달라지게 마련입니다.

까불다 망한 광야 이스라엘의 불신실함은 어떤 형태로 나타났는가? 무엇보다 우상숭배였다. 보이지 않는 하나님을 기억하는 것만으로는 못 견딘다. 나를 안심시킬 만한 장치를 확보하지 않으면 안 되겠다는 절대적 갈망에 사로잡힌다. 오늘 우리의 금송아지는 돈과 힘, 인정과 안전에 대한 갈망이다. 하나님만 주실 수 있는 평안을 그것들로부터 얻으려 하고 그것들이 없으면 불안해한다. **하지만 예수로 배부른 비밀을 배우면, 그런 것들이 없어도 괜찮은 마음이 조금씩 생긴다. 돈과 힘, 인정과 안전은 있으면 좋지만 없어도 괜찮은 것들로 상대화 된다.**

하나님은 어떤 신념의 대상이 아니라 지극히 인격적인 남편이시다. 따라서 하나님의 무한한 신의와 사랑을 담보로 이기적인 자유를 과신

하며 욕망을 확장하려는 태도는, 구역질 나게 오만한 간통이다. 그런 의미에서 인류의 자유와 발전을 구현하는 행동이라 주장했던 수많은 '발전 행동'은, 진정한 남편이신 하나님을 등지고 자기 갈망을 채울 우상을 찾아다닌 '발정 행동'일 수 있었다.

15 환난을 위로와 소망의 재료로
고린도후서 1장 8~14절

> 바울은 자신이 겪은 환난을 덤덤히 전합니다. 그리고 그 환난이 어떻게 위로와 소망의 재료가 되었는지 설명합니다. 환난에 대한 바울의 깊은 통찰을 우리도 함께 나눌 수 있다면, 쉴 새 없이 찾아오는 고난도, 여전히 짊어진 연약함도 재해석 할 수 있습니다. 무엇보다 이 비밀을 가진 우리는 타인에 대한 거룩한 연민과 책임을 느끼게 됩니다. 비로소 '나'에게서 '너'로 시선이 옮아가는 것입니다. 나와 너의 연약함을 겸손히 나누며 함께 기댈 때, 우리는 그리스도 안에서 꽃 내음 나는 사랑의 공동체로 빚어지게 되는 것입니다.

환난은 하나님과의 관계 안에서 해석할 수 있는 속성이다. 환난은 그것을 겪는 자신에게 모든 신경을 집중하게 만든다. 어쩔 수 없다. 하지만 하나님은 우리에게, 어쩔 수 없다는 말 뒤에 숨지 않아도 되는 힘, 곧 환난을 하나님과의 관계 안에서 해석할 힘을 주셨다.

환난을 위로와 소망의 재료로 바꾸는 공동체는 기꺼이 또 겸손히 서로에게 기대는 속성을 가진다. 서로가 서로에게 기대는 기도가 하나님이 우리를 당신의 일에 초대하는 방식이라는 걸 믿는 거다. **우리는 서로에게 기꺼이 자신의 연약함을 나눌 때만, 서로에게 겸손히 기대어 마음을 실어 기도하는 공동체를 이루게 된다.**

16 사랑과 슬픔이 뒤엉켰어도 손을 내밀라

고린도후서 2장 1~11절

> 신자들의 마음이 깨어지지 않도록 사려 깊게 눌러쓴
> 바울의 글에는 사랑 어린 그리움이 가득합니다.
> 할퀸 흔적들로 살갗이, 마음이 아직 얼얼한 데도,
> 기어코 자녀를 품 안으로 끌어안는 아버지 같습니다.
> 도통 그의 힘으로는 불가능한 일입니다. 그러나 그는
> 가시 돋은 자신을 용서하느라, 터지고 뜯긴 예수님의
> 살점을, 피를, 깊은 사랑의 눈을 기억해 냈습니다.
> 이처럼 진정으로 용서받았음을 기억할 수 있다면,
> 결코 사랑할 수 없는 누구에게라도 우리는 차고 흐르는
> 사랑에 이끌려 손 내밀 수 있습니다.

우리를 향해 내미시는 예수님 손은 지극히 부드럽지만, 그 부드러움이 내 심령으로 들어오는 순간 그것은 어떤 힘보다 강력한 회초리가 되고 그 무엇으로도 대신할 수 없는 위로와 생수가 된다.

바울은 가혹한 상황에서도 주인이신 예수님으로 인해 괜찮을 뿐 아니라 더 나아가 사랑하는 마음까지 품었다는 걸 알리는 것으로, 그들도 심장을 짓누르는 근심보다 훨씬 크신 주님을 통해, 벗어날 길을 이미 충분히 받았다는 사실을 기억하라고 간접적으로 권면하고 있었다.

(이어서)

가장 큰 상처를 받은 자가 선제적으로 용서를 선포하는 걸 통해서만 치유와 회복이 시작될 수 있다. 내가 받은 상처를 덮고도 남을 만한 위대한 치유를 이미 영원토록 받았다는 사실을, 자기 사건으로 생생하게 기억하는 자를 통해서만 시작될 수 있는 사건이다. 모욕과 상처를 온몸으로 받아낸 바울이, 먼저 용서를 제안하는 이유였다.

피해와 희생은, 누구로부터도 용서를 강요당할 수 없는 강력한 근거다. 하지만 지독하게 안타까운 현실은, 피해자가 용서의 벼랑 끝으로 자기를 내던질 때만 매듭이 풀린다는 거고, 그때 기적 같은 자유와 구원을 경험하고, 하나님이 내내 벼랑 밑에서 기다리고 계셨다는 걸 알게 된다는 거다.

억울함과 서운함이 장착한 갈고리는 너무나 강력하고, 사단은 그 갈고리를 우리 안에서 어떻게 작동시켜야 하는지 기막히게 잘 안다. 우리는 그게 사탄의 계략이라는 걸 알면서도 다시 휘말려 들어가, 절대 용서할 수 없다고, 차라리 잊은 채 살겠다고 작정한다. 그 결과, 충분히 누릴 자격이 있는 위대한 자유와 빛나는 열정을 잃어버린 채, '용서하느니 차라리 그런 거 없이 사는 게 낫다'라는 식의, 이해는 되지만 안타깝기 그지없는 항변으로, 빛바랜 영혼으로 살아가게 되는 거다.

17 스마트폰으로 삐삐치기라니

고린도후서 3장 7~18절

> 율법은 일종의 표지판 같아서, 올바르게 확인한 뒤에는 멈춰 서 있지 않고 목적지를 향해 나아가야 합니다. 만약 우리의 믿음이 여전히 율법 앞에 진치고 있다면, 그것은 아버지 하나님의 너른 품으로 달려가도록 하는 율법의 본래의 기능을 단단히 오해한 것입니다. 복음의 길에 들어서지 못한 탓에, 이 길이 선사하는 참된 자유도 누릴 수 없습니다. 자기 확신에 갇혀 나와 타인을 옭아매는 늪에서 헤어 나올 수 없는 것입니다. 돌이켜 하나님의 마음을 물어야 합니다. 주님만이 옳으시다는 사실에 겸손히 순복하며, 그분이 마련하신 참된 안식의 여정을 계속해야 하는 것입니다.

율법은 사람을 죽인다. 율법이 나빠시가 아니라 사람이 틀려서다. 하나님께 속한 율법은 온전하지만, 하나님께 속하기를 거절한 사람은 하나님을 대신하려는 자신에게 속하기로 했다. 자신을 스스로 통제하려고 하지만, 책임질 수 없다는 걸 몰랐다. 결국 스스로 책임지려고 할수록 점점 더 망가지는 욕망 바이러스에 감염되어 파멸을 자처했다.

영광을 본 제자들은 그 황홀함을 감당할 수 없었다. 다른 제자들이나 섬겨야 할 세상은 아랑곳없이, 지극히 이기적으로 그 영광을 독점하려고 그냥 거기에 머물자고 했다. 그러면 그 영광이 사라지는 걸 봤을 때는 어떻게 했는가? **스승의 고난의 시간이 오자, 그게 그 영광을 완성하는 시간**

이라는 건 상상도 못 한 채, 그 시간을 거칠게 부인하다가 결국엔 다 도망쳐 버렸다. 그게 영광과 영광의 결국을 보는 우리들의 수준이었던 거다. 내 방식과 내가 기대하는 정도와 속도보다 하나님이 더 옳다는 걸 잊지 않기만 하면 된다. 기독교의 누추하고 천박한 역사 말고, 참되고 아름답고 고상한 역사, 곧 하나님의 구원 역사는 지난 2천 년간 그렇게 흘러왔고, 오늘은 우리를 그 역사에 참여시키려고 우리 곁에 서서, 우리를 기다리고 있다. 이제 그 길을 같이 걷자.

18 황금을 보관하는 휴지통
고린도후서 4장 7~18절

하나님은 왜 보배를 질그릇에 담았을까요. 보배로운 우리 주님이 왜 누추한 우리 안에 담기셨을까요. 이 버겁도록 부담스러운 진리를 우리는 어떻게 받아들이고, 누릴 수 있는 것일까요. 사실, 우리가 지극히 연약한 자들이기에, 존귀한 보배가 누군가의 영혼에, 그 마음에 더 안전하게, 분명하게, 또 진실하게 가 닿습니다. 우리가 복음을 담아내는 것이 아니라, 복음이 그 형형한 빛으로 비루한 대상들을 감싸는 것입니다. 이것이 우리의 어떠함과 관계없이 오직 복음만이 일하도록 하는 은혜의 방식입니다. 모두를 살리는 생명의 방식입니다. 그러므로 우리는 우리의 어떠함을 가지고는 단 한 톨도 보탤 수 없음을 인정하면서도, 그릇에 합당한 삶을 살아내는 열망에 사로잡히게 되는 것입니다. 잊히질 않는 은혜 때문입니다.

보배이신 예수께서 질그릇으로 오셨기에 우리를 얻을 수 있으셨듯이, 우리 역시 보배를 담은 화려한 영광이 아니라 질그릇이기에 누군가를 예수께로 인도할 수 있다. **우리의 고난과 아픔과 죽음이 사람들을 보배로 인도하는 초대장인 거다.** 따라서 화려한 황금 그릇이어야만 보배가 빛날 거라 욕망하는 현대교회들의 집착은 오류이고 무지다. 고난과 실패는 잘못에 대한 징계라기보다 오히려 주님의 뜻을 따르고 있다는 증거일 수도 있다.

우리는 지극히 연약한 질그릇이기에 사람들의 마음을 더 강하게 두드릴 수 있고, 모든 삶에 생명과 생기와 의미와 영광을 부여하여 모든 상황을 뛰어넘게 하시는 보배 예수를 가졌으므로 사람들에게 희망을 줄 수 있다.

질그릇이 깨끗하기만 하다면, 스스로 깨지지만 않는다면, 질그릇의 어떠함에 의해 그 가치나 존재감이 달라지지 않는다. 오히려 질그릇의 격을 높여준다. 따라서 이 보배 곧 복음은 종교가 아닌 거다.

(이어서)

'보배를 담은 질그릇 의식'이 제대로 작동할 때 우리는, 내 편 하나 없는 지독하게 외로운 현실에서도, 답 없는 상황에 갇힌 답답함으로 낙심할 때도, 옳을 일을 하고서도 온통 비난당하는 서러운 시간에도, 인생이 끝장난 듯 뒤엎어진 고통에서도, 갈팡질팡하지 않고 버티는 맷집과 다시 일어날 용기가 어디선가 솟아오르는 신비를 느낀다. 역으로 말하자면 사방으로 욱여쌈을 당하면 죽을 것처럼 힘들어 쓰러지고, 답답한 일을 당하면 즉각 낙심으로 넘어지고, 박해받으면 버림받은 듯 비참해져서 도망치고 싶고, 거꾸러뜨림을 당하면 망했다는 절망에 감싸이게 된다면 그건, 우리의 자의식, 곧 보배를 담은 질그릇 의식에 오류가 생겼다는 뜻이다. 보배를 담았으나 내가 여전히 질그릇이라는 진실을 잊었거나, 내가 질그릇에 불과하지만, 그 안에 어떤 보배가 담겼는가를 잊은 거다. 내가 죽고 예수가 사시는 줄 알았는데 어느새 예수를 제쳐두고 내가 살고 있었던 거다.

내 안에 '보배를 담은 질그릇 의식'이 선명할 때만, 우리는 마땅하고 자유로운 겸손함을 가질 수 있고, 한없이 부요하고 너그럽고 강하고 담대할 수 있다. 스스로 금 그릇이라 여기는 사보다는 자신이 질그릇임을 인정하는 자가 죽음의 사건에 훨씬 더 친밀하게 다가갈 수 있다. 그때 우리는 대범하게도, '너를 살리기 위해 내가 죽는 걸' 두려워하지 않을 수 있고, '내가 죽음으로 네가 살아나는 게' 서럽지도, 배 아프지도 않고, 오히려 복되게 여겨질 수 있다.

중요한 건 우리 안에서 작동하는 믿음의 실체가, 나를 보배 담은 질그릇으로 삼으시고, 약속을 지키심으로, 믿을 수밖에 없게 하심으로 믿게 하시는 하나님의 믿음이라는 거다. 우리는 그 믿음으로만 제대로 말할 수 있다.

다시 말해 우리가 믿음에 관해 말하는 게 아니라, 믿음이 우리에게 말하는 거다. 그렇지 않다면 우리는 믿음에 관해 말하는 동안에도 의심과 상한 마음과 불안과 경쟁과 미움과 분노와 서운함에 시달릴 거다.

오늘 우리에게 가장 필요한 것은, 영원에 속한 복음, 사랑, 은혜, 소망, 믿음으로, 오늘을 사는 거다.

19 그 힘으로 회복할 수 있습니다.
고린도후서 5장 11~21절

> 하나님과의 영원한 단절을 회복하기 위해 나를 대신해 죽으신 사랑이, 이제 우리에게 손짓합니다. 사랑이 우리를 강요합니다. 사랑이 우리에게 한 일을 기억나게 합니다. 그 은혜가 깊어서, 몹시 기뻐서, 그 초청에 즐거이 따르지 않을 수 없습니다. 그 사랑의 시선을 따라 마음을 옮기니 그 자리에 '그'가 있습니다. 사랑한 너와 그들이, 마음에 담기게 됩니다. 너끈히 가지 못할 때도 있지만, 끝내 사랑이 상처와 자존심을 무력하게 만듭니다. 몹시 힘들지만 그래도 그 길을 걷도록 사랑이 자꾸만 설득합니다. 화목을 위해 달려가게 하는 힘은 언제나 사랑입니다.

섭섭함과 실망, 마음 깊은 서러움으로 그냥 포기해 버릴 수 있었던 상황에서, 바울이 끝내 화목과 화해를 위한 길을 그토록 치열하게 달려가도록, 밀어내고 격려한 한 힘은 뭘까? 하나는 강권하시는 사랑이고, 다른 하나는 유레카, 곧 하나님이 행하시고 또 행하고 계신 일의 본질을 깨닫는 각성이다.

사랑을 강요한다면 그건 사랑이 아니지만 사랑이 강요한다면 그게 바로 사랑이다. 사랑은 절대 천연덕스럽게 무심한 듯 바라볼 수 없다. 뛰어들게 만든다. 사랑이 나에게 강요하고 명령하기 때문이다.

사랑에 사로잡히면, 지긋지긋한 자존심, 나를 높여 존재를 증명받으려는 징글징글한 욕망, 자신과 모두를 망가뜨릴 욕정이라는 재앙이 예수와 함께 십자가에 못 박혔다는 사실을 다시 상기하고 선언한다. 그래서 주님을 위해서라면 죽음도 불사하고 싶어진다. **천하기 그지없는 나를 영원히 옳은 자로 여기신 그 사랑이, 오늘 내 호흡을 의미 있게 만드시는 거다.**

(이어서)

하나님의 반복적인 두드림에도 불구하고 나와 너, 나와 세상 사이에서 좀처럼 화목이 이루어지지 않고 있다면 나와 하나님의 화목의 자리에서부터 다시 시작하면 된다. 하나님의 은혜로 하나님과 영원히 화목하게 됐다는 사실을 매일 아침 새롭게 각성하면, 오늘 또다시, 너와 세상을 향한 화목의 직분자로 살 수 있다.

우리가 강권하시는 사랑에 사로잡히고 유레카의 각성에 감싸여 화목의 직분자로 살게 되는 여정에는 어떤 변화가 있다. 사람을 바라보는 방식이 변하는 거다. 사람을 볼 때, 이전에는 사용하려고 봤다면, 이제는 사랑하려고 본다. 이전에는 내게 이득이 되느냐는 관점으로 봤다면, 이제는 예수께서 저 사람에게 사랑받을 권리를 주셨느냐는 관점에서 본다. 전에는 그가 내 마음에 드느냐를 기준으로 봤다면, 이제는 예수께서 그를 받으셨다는 관점에서 본다.

예수 안에서 새 피조물로 다시 태어났으므로, 이제는 예수를 통해 보고 듣고 말하려 하게 되는데, 그렇게 하는 동안 내가 새 피조물 되었다는 걸 또 확인하는 거다. 과거의 나로서는 불가능했던, 거룩에 대한 열망, 예수에 대한 사랑이 불같이 일어난다. 과거라면 용납할 수 없었을 사람과 어느새 함께 하고 있는 자신을 발견한다. 세상 넘어, 미래에서 오신 성령님께서 알려주시고 생각나게 하시고 깨우쳐 주시는 말씀을 따라가려 했을 뿐인데, 그래서 내가 한 건 아무것도 없는 게 분명한데, 이상하게도 책임을 다한 자로 드러나는 거다.

2부 영원한 빛, 그리고 샘물

안식하게 하는 말씀

Words That Gives Us Rest

1. 임하신 말씀으로 펼쳐지는 새 일

2. 진짜 마음 쓸 곳은 따로 있다.

3. 있게 하신 자리에 서게 하소서

4. 인생들아, 인생을 의지하는 교만을 피하라

5. 바로 그 주님이 오늘 필요합니다.

6. 너희가 믿을 때 성령을 받았느냐?

7. 우직하여 지혜롭다

8. 피팅 라이프

9. 반응자에서 위로자로

10. 죽음을 삼키는 생명으로

11. 너를 위한 나의 변명

12. 소망, 약함의 십자가

13. 거룩한 초연함

14. 시간의 신비 사이에서 잘 살기

15. 오버하지 않고 책임 있게 살기

16. 영원한 지금

1 임하신 말씀으로 펼쳐지는 새 일

사도행전 2장 12~26절

> 제자들은 말씀을 기억나게 하시는 성령의 인도하심에 겸손히 귀를 기울입니다. 기도하고, 깊이 생각하며, 사려 깊게 말씀을 상고하는 방식으로 말입니다. 하나님은 약속을 의지하는 신자들에게 반드시 말씀하실 뿐만 아니라 올곧게 해석할 수 있도록 인도하십니다. 하나님의 뜻을 물어가는 치열한 여정 중에, 이들은 포용과 확장, 더 견고한 연합을 경험하게 됩니다. 놀라운 일이 벌어집니다. 말씀에 이끌림을 받는 신자에게는, 성공과 실패가 재정의됩니다. 이는 실용적이고 합리적인 결과와 비교할 수 없이 가치 있는 하나님의 옳으심에 설득되기 때문입니다.

사람 말만 따르면 망해도 망하고, 흥해도 망하는 거지만, 하나님 말씀을 따르면 망해도 안 망한 거고, 흥해도 흥한 것이다. 말씀이 임하여 우리 마음과 몸을 채우면, 하나님의 새 일이 시작된다. 임하신 말씀이 믿음과 결합하여 새 일을 시작하시는 것이다.

하나님의 길은 대체로 실용적이지 않다. 중요한 것은, 하나님은 당신의 말씀을 따르는 우리의 순종을 통해, 아주 길게, 긴 안목에서 우리가 생각지 못하는 새 일을 시작하시고, 또 지속적으로 행하신다는 것이다. 말씀을 따르면 망해도 흥한 것이다.

2 진짜 마음 쓸 곳은 따로 있다.

사도행전 3장 11~26절

> 십자가 위에서도 끝내 우리를 용서하기로 하신 예수님을
> 생각합니다. "예수께서 이르시되 아버지 저들을 사하여
> 주옵소서 자기들이 하는 것을 알지 못함이니이다 하시
> 더라…" 마음이 벅벅 찢기면서도 마치 사랑 외에는 무엇도
> 하지 않기로 한 것처럼, 그의 인생은 외길입니다. 한결같은
> 사랑입니다. 이 예수가 영원토록 우리와 함께한다는
> 이 명백한 사실이 더 자주 기억났으면 좋겠습니다.
> 생각날 때마다 마음이 먹먹하면 좋겠습니다. 그 어리석은
> 단순함 때문에, 복잡한 생각들로 시끄러운 마음이 이내
> 고요해졌으면 좋겠습니다. 온통 그리스도로 숨 쉬는 모든
> 순간이, 당연하게도 특별해졌으면 좋겠습니다.

엄마의 사랑이 특별한 이유는, 생각할수록 '어떻게 그러실 수 있었을까'라고 생각할 수밖에 없는 일들을 아무렇지도 않게 해 내셨다는 데 있다. 심지어 그리고는 오히려 미안해하면서 아무 일도 아닌 듯 생각하신다는 거다.

우리가 숨 쉬고 있는 이 공간이 이미 무한과 연결돼 있고, 이 시간이 영원과 연결돼 있다는 사실, 내가 이미 영원한 생명에 감싸여 있다는 사실. 그리고 금방 다 놓고 떠날 것들에 연연해하면서 욕심부리면서 스스로 뭐나 된 듯 여기려는 초라하고 누추한 우리가, 매일 창조자 하나님과 동행할 수 있다는, 이런 말도 안 되는 특별한 일들이 이미 평범한 우리 일상이 됐다

는 게 특별한 거다. 그러니 우리가 진짜 놀라고 마음 쓸 곳은 따로 있는 거다. 그곳이 어딘가? 예수님 이름이 제대로 선포되는 자리다.

우리 눈에 특별하게 보이는 게 특별한 게 아니라, 아무리 평범해도, 우리가 예수 이름을 가졌다는 것에 이미 모든 특별함과 소망이 있다.

3 있게 하신 자리에 서게 하소서

사도행전 9장 1~19a절

> 사랑이 바울의 자리를 흔듭니다. 밀어내고, 끌어가며, 제자리로 인도합니다. 우리는 모두 비틀어진 현실 위에서 원래의 자리를 이탈한 채 살아갑니다. 제자리로 돌아오는 유일한 길은 그리스도, 곧 영원히 선하고 옳은 말씀의 빛에 비춤을 받는 것입니다. 신념과 경험의 토대 위에 세워진 자기 확신이 무너집니다. 그 과정은 쓰리고 아픈데, 마치 존재를 잃는 것만 같은 상실감에 사로잡히기도 합니다. 그러나 나를 창조하신 이가 지금 나를 고치고 계심을 기억한다면, 이 여정에 몸을 맡겨야 합니다. 마침내 제자리를 찾은 우리는 깨닫게 됩니다. 가장 아름다운 '나다움'을 만나게 됐다고요.

우린 완벽한 계획으로 이끄시는 주님 덕분에, 어떤 충격과 혼란을 경험하든, 영원히 후회하지 않을 존귀한 인생을 살 거다.

교정하시는 하나님의 손길인 말씀에 기꺼이 맡겨야 한다. 힘들더라도 말씀에 맡기면 조금씩 본래의 자리로 돌아가 점차 시원해지고 삶이 아름다워지기 시작한다.

4 인생들아, 인생을 의지하는 교만을 피하라

이사야 2장 1~22절

> 인생은 참 생명의 빛 아래에서 찬란하게 일렁이는 하나님의 작품이지만, 본질상 그 안에는 연약함, 곧 피조성이 담겨 있습니다. 인생은 결코 의지할 대상이 아닙니다. 오직 말씀이 곧 현실인, 하나님만이 영원히 신뢰할 유일한 분이십니다. 선지자는 자꾸만 인생을 의지하려는 교만과 불안을 경고하며, 우상숭배의 길에서 돌이켜 진실 위에 설 것을 외칩니다. 신자의 겸손은, 나를 위해 자신을 낮추신 예수님을 이해하는 만큼 맺히는 열매입니다. 녹록지 않은 틈 사이 생에 동안, 아버지를 향한 신실한 신뢰면 충분하다는 것을 우리에게 알려 주신 주님의 가르침에 고개 숙일 때마다 얻게 되는 참 지혜입니다. 이 비밀을 배운 신자는, 참 생명이 있는 길, 기꺼이 '쇠하여도' 복되다는 진리 위에서 살아내게 되는 것입니다.

하나님께는 말씀이 곧 일이다. 말씀과 현실이 동일하다.

영원적 관점에서는 말씀이 주어지는 때와 이루어지는 때의 간격이 백 년, 천 년이어도 붙어 있는 거다. **따라서 영원 속에서는 말씀이 주어지는 순간이 곧 현실인 셈이다.**

다윗과 사울의 차이는 한 길과 두 길이다. 정 반대 길을 동시에 걸으려 하면 정신분열적으로 될 수밖에 없다. 더러운 탐욕의 길 위에서 거룩하신 하나님을 부르는 건 결국 파멸적이다.

교만에는 스스로 높일 만한 객관적 이유와 스스로 높일 수 없는 객관적 이유가 공존하는 거다. '솟아오른 작은 언덕', 그 높음을 타인이 경탄하면 축하할 일이지만 자기가 자랑하면 누추할 뿐이다.

정의가 불의를, 사랑이 분노를, 신뢰가 분열을 몰아낼 그날, 재림의 약속과 성취를 한 날의 사건으로 기억하게 될, **그 영원한 세계로 이미 진입한 자로서 오늘을 사는 법을 배워가야 하는 거다.**

인생을 의지하는 건 내일에 대한 가장 무책임한 행동이고, 말씀을 따르는 일이야말로, 나의 내일을 위한 가장 책임 있는 행동이다.

5. 바로 그 주님이 오늘 필요합니다.

이사야 25장 1~12절

> 결국 이뤄질 회복의 완성은 '그날에' 맛보게 될 영원한 기쁨이지만, 동시에 '오늘' 신자가 누리고 살아낼 소망이기도 합니다. 신자는 잿더미 같은 현실 위에서 끊임없이 생명을 일으키고 계신, 그리고 끝내 완성하실 주님을 기억합니다. 자신을 내어 죽음을 무력화시킨 그 사랑이 점점 더 선명해지는 길을 걷습니다. 주님과 함께 걷지만, 더 분명히 함께하기를 사무치게 그리워합니다. 이러한 신자에게는 결국 임하게 될 '잔치와 회복'의 때가 아득히 먼 내일의 이야기가 아닙니다. 바로 오늘, 소망으로 품게 되는 현실이 되는 것입니다.

주님은 이미 나에게 계신다. 따라서 우리에게 필요한 건, 이미 계신 주님을 내 안팎에서 기억하는 거다.

하나님 자신의 목숨을 건 사랑이었던 거다. 우리가 매일 맞이하는 날들이 아무리 평이해 보여도, 그날들이 어떤 사랑 위에서 맞이하게 된 위대한 날인가를 절대 잊지 말아야 하는 거다.

"노을을 볼 때 느낄 수 있는 슬픈 것 같은데 행복한 느낌이 천국에 꼭 있기를 기대하고 있습니다."

하나님을 기다린 신자들의 특징이 뚜렷하다. 구원을 기다린 게 아니라, 구원하실 하나님을 기다렸던 거다. 은혜보다 은혜 주시는 하나님을 기다린 거다. **이미 모든 걸 내주신 하나님만 계시면 더 바랄 게 없다는 진실을 알게 됐던 거다.**

6 너희가 믿을 때 성령을 받았느냐?

사도행전 18장 18절~19장 20절

> 예수를 믿는다면 이미 성령이 우리 안에 계신 것입니다.
> 우리 안에 계신 성령님은 각 사람을 가장 잘 아시는
> 하나님이시기에, 가장 적합한 방법으로 우리를 빚어갑니다.
> 그러므로 신자에게는 필연적으로 다름이, 그리고 한 성령
> 안에 있다는 엄밀한 공통점이 모두 있습니다. 우리가
> 성령의 인도하심에 즐거이 순종한다면, 그분은 서로
> 다른 우리를 조화롭게 사용하실 뿐만 아니라, 우리가
> 하나님, 그리고 그분의 세계와 맺는 바른 관계, 곧 공의를
> 회복하십니다. 새 창조의 역사입니다.

말씀 안에 이미 새 창조의 능력이 있다. 따라서 말씀이 바르게 선포되면, 성령님은 말씀을 통해 하나님의 질서를 펼치신다. 병들었다는 건, 본래의 질서가 엉클어졌다는 거고 병이 떠난다는 건 본래의 질서를 회복한다는 거다. 곧 하나님이 주신 본래의 질서, 아름답고 선한 질서가 재창조되는 거다.

예수 이름을 도구화하는 모든 시도는 악하고 초라하다.

성숙한 신자들에게 가장 필요한 건, 가만히 주님 뜻을 살펴보는 거다. 이게 과연 나 같이 구제받을 길 없는 죄인을 상대하신 예수께서 가신 길에 맞는 건지, 과연 칼과 힘과 영향력과 세력화의 힘을 모으려 하는 대신,

십자가와 죽음과 부활의 능력으로 세상을 바꾸려 하신 주님께서 허락하시고 이끄시는 길이 맞는지. 묻고 또 물어야만 하는 거다.

7 우직하여 지혜롭다
사도행전 23장 1~35절

> 주님께 우직하면, 말씀이 이끄는 삶, 곧 가장 지혜로운 여정을 선물 받습니다. 이런 신자들의 모습 위에는 예수가 겹쳐 보입니다. 오직 사랑과 진리로 통치하시는 왕의 모습입니다. 진리에 관해서는 물러섬이 없이 단호합니다. 동시에 사랑이 그 안에서 맑은 샘처럼 계속 흐릅니다. 사랑 때문이라면, 삼켜지고, 잃고, 낮아집니다. 주님은 자신에게 우직하게 영혼을 던지는 그의 자녀를 반드시 지키십니다. 떨어져 피어나고, 죽어야 살아나는 방식으로 이내 승리하신 영광을 꼭 같이 누리게 하십니다.

본래 우직함이란 태도 보다는 대상의 문제다. **'우직하냐' 보다 중요한 건, '누구 또는 무엇을 향해 우직하냐'는 거다.** 우린 자기 확신에 우직하여 복장 터지게 할 수 있다. 반면 주님께 우직하면 할수록 지혜로울 수밖에 없다. 주님이 지혜의 근본이기 때문이다. 복장 터질 만큼 미련할 정도로 주님께 우직하면, 사람의 지혜로는 결코 따를 수 없는 지혜로 행할 수 있게 되는 거다.

적극적으로 끌려다닌다. 그리고 우직하게 끌려다니는 동안 대단한 지혜로 상황을 주도하면서 로마를 향해 나아간다. **끌려다님으로 나아가는 삶, 힘을 빼서 힘이 나는 삶, 내려놓음으로 얻게 되는 삶, 주님만 소유함으로 모든 걸 얻게 되는 삶, 그게 신자의 삶이다.**

예수님은 무슨 일이 있어도 바울을 끝내 지키실 거다. 그런데 어떤 바울인가? 일을 잘 수행해서 성과를 거두는 바울이 아니라, 어디서나 말과 삶으로, 예수님을 그 존재에 담은 바울을 기대하고 지키시려는 거다. 주님은 궁극적으로 우리를 앵벌이 시켜서 세계 복음화를 이뤄내시려는 게 아니라, **우리가 예수님을 사랑하고 닮아가는 행복을 아는 존재가 되어, 그 존재가 예수님 일이 되게 하시려는 거다. 쓰임 받고 버려지는 소모품이 아니라, 예수님을 닮아, 하나님 영광에 참여하는 존재가 되어 예수님을 전하게 되는, 예수님이 전해질 수밖에 없게 하는 하나님의 파트너로 부름을 받은 거다.** 이 진실이 우리 마음이 확고하면, 우리가 넘지 못할 산은 없다.

8 피팅 라이프

고린도전서 15장 50~58절

> 신자에게 영원한 나라를 유업으로 받은 존재들인데, 그 나라를 살아내는 방식은 곧 그 나라 통치를 누리는 것입니다. 죽음의 시간을 넘어서는 삶, 아니 죽음을 즐거이, 기꺼이 끌어안아도 괜찮을 만큼, 결코 마르지 않는 영원한 생명으로 풍요로운 삶입니다. 신자는 바로 이 영원한 소망으로 살아갑니다. 그리스도 안에서, 이 영원한 소망이 오늘의 현실이 되는 것을 확인하며, 이웃과 세상에 증거가 되어 살아가는 것입니다.

바울이 말하는 혈과 육은 하나님의 사랑과 신뢰의 질서에 자발적으로 머무르도록 지음을 받았지만, 자유의지라는 위대한 선물을, 오직 자기를 위해 쓰려는 성향이다. 영원하신 하나님 없이 영원하려는 무모한 욕망으로, 쓰면 그만인 돈과 권력과 쾌락을 숭배하려는 의지다.

부활의 그날이 되면, 부패가 생명을 잡아먹는 대신, 생명이 부패를 잡아먹고, 영원히 영광스러울 생명이 자기 끝을 모른 채 주제넘게 굴던 죽음을 삼킬 것이다. 죽음과 죽음의 졸개들인 질병, 상처, 분노, 슬픔과 고통이 더 이상 존재하지 않는 날이 오는 것이다.

우리가 속지 않는 길은, 죄를 압도하고 율법을 이기는 하나님에 대한 더 큰 사랑과 더 큰 신뢰로, 사망의 방식이 통하지 않게 하는 거다.

하지만 우리에게는 힘이 없다. **출구는 없고 절망뿐이다.** 그러나 만일에 출구를 찾을 수 있다면, 오직 율법을 완성한 분, 죄에게 조금도 질 생각도 질 이유도 없는 분, 율법을 무능하게 만들고 죄를 박살 내어 죽음을 이기고 생명을 가져올 분이 우리로서는 불가능한 그 선물을 우리에게 거저 주시는 길뿐이다.

9 반응자에서 위로자로

고린도후서 1장 1~7절

> 참된 위로의 근원은 하나님이십니다. 먼저 우리는 기간과 효능이 유효한 거짓 위로를 거절할 힘을 얻어야 합니다. 성령은 우리로 그리스도의 고난과 그의 승리에 집중하도록 인도하십니다. 그리스도의 고난을 깊이 묵상할 때, 우리가 받은 사랑의 크기를 헤아리게 되며, 가슴 저릿하고 먹먹한 위로를 경험합니다. 이 위로는 자신을 내어주는 지극한 사랑 위에서, 죽음을 정복하신 완전한 승리 위에서, 우리에게 신실하게 제공되는 영원한 위로입니다. 이것을 확신할 수 있다면, 우리를 괴롭게 하는 것이 사람이든, 상황이든, 구조이든, 그 정도와 규모가 어떠하든 거뜬히 이겨낼 힘을 얻는 것입니다. 나아가 누군가를 향해 주님의 위로가 흐르도록 나를 열어 내어줄 수 있게 되는 것입니다.

우리는 종종 당장 위로를 구하느라, 위로의 근원을 잊는다. **우리 하나님은 그냥 위로의 하나님이 아니라 '모든 위로'의 하나님이시다.** 다시 말해, 위로를 기대할 수 없는 상황에서도 위로를 주시는 분이시다. 죽음을 부활로 바꾸신 분, 완전히 끝장난 상황에서도 위대한 새출발을 이루시는, 자비의 아버지시다.

넘치는 그리스도의 고난과 넘치는 그리스도의 위로가 겹치는 지점에 비밀이 있다.

압도하는 고난으로 여전히 힘들지만, 내가 그것 때문에 소멸하지 않는다는 진실, 오히려 더 빛나는 영혼으로 빚어질 거라는 진실을 붙들고, 고난에 직면하는 비밀에 더 다가갈 수 있게 된다.

세상 질서는 고난을 먹으면 짜증과 분노를 내고, 큰 위로를 먹으면 작은 위로를 내지만, 예수의 질서는 고난을 먹어도 위로를 내고, 위로를 먹으면 더 본질적이고 거대한 위로를 낸다. 그 바닥에 위대한 사랑의 강수가 흐르는 거다.

10 죽음을 삼키는 생명으로

고린도후서 5장 1~10절

> 신자는 성령을 받은 자들입니다. 우리 안에 계시는 성령은 말씀으로 인도하시며 오늘의 현실을 영원과 연결하도록 이끄십니다. 성령님 자신이 '미래의 영원한 생명' 그 자체이기 때문입니다. 성령께서 말씀으로 마음을 비추면, 우리의 영적 시각이 교정되고 불필요한 욕망이 제거됩니다. 이 정련의 시간은 신자의 계속되는 여정 중에 줄곧 있습니다. 그 과정에서 점점 더 사랑만 남게 됩니다. 좋음과 행복, 기쁨을 정의하는 방식을 사랑이 뒤덮습니다. 사랑이 해석합니다. 욕망을 따라 늪에 빠지는 길에서 벗어나, 소망할수록 점점 더 자유를 누리는 길로 향합니다.

그날은 오늘이어도 괜찮다. 천막이 무너질 때 하나님의 영원한 집이 감쌀 거라는 약속이 확실하기 때문이나. 그 약속은 천막의 마지막 시간을 일상의 호흡처럼 받아들일 수 있게 할 거다. 예수 부활이 우리가 겪을 고난과 죽음이라는 수류탄에서 뇌관을 제거하는 결정적 사건이었기 때문이다.

보배를 담았으나 금이 가고 귀퉁이가 깨진다. 하늘 생명을 담았으나 여전히 땅의 죽음 냄새가 난다. 미래의 영광을 담았으나 그 한마디에 할퀴어진 환난으로 상처를 입는다. 그래서 이 갑갑한 현실을 벗고 하나님이 만드신 하늘 집에 감싸여질 날을 열망하며 탄식하는 거다.

상식으로는 죽음이 생명을 삼킨다. 하지만 진실은 생명이 죽음을 삼키는 거다.

성령님은 세상 너머, 미래의 영원한 생명 그 자체시다. 그런데 우리 안에 오신다. 그래서 안에서 밖으로, 위에서 아래로, 미래에서 오늘로 사는 삶이, 우리 현실이 되게 하시고, 눈에 보이는 것에 가두려는 이 세상 신의 교란에 속지 않게 하신다.

11 너를 위한 나의 변명

고린도후서 11장 1~15절

> 성도는 어떻게든 몸집을 크게 부풀려 자신을 증명하려는 세상에서, 조급하지 않아도 되는 이유를 아는 자들입니다. 오히려 약함을 자랑하는 넉넉함을 가진 존재들입니다. 바로 그때 예수가 빛나기 때문입니다. 동시에 진리를 치열하게 변명하는 자들입니다. 누군가를 이 복된 길로 초대하고, 치우침 없이 그 길 위에 머물게 하기 위한 애끓는 마음 때문입니다. 이 모든 것이 신자 안에 넘실대는 사랑 때문입니다. 신자는 사랑으로 변명하고, 사랑만을 자랑하는 자들입니다. 나와 너, 우리가 함께 사는 일에 진심인, 그리스도를 꼭 닮은 자들입니다.

아담과 하와는 결국, 자기가 스스로 하나님이 되려는 길을 선택했다. 말하자면, 사람이 감히 하나님과 견주어 스스로 하나님이 될 생각을 할 수 있을 만큼 대단하게 지으셨던 거다. 그런 엄청난 자유의지를 통해, 순전히 자발적인 사랑의 관계가 가능하기를 기대하셨던 거다.

복음 때문이 아니라, 우리 욕심이 매사를 복잡하게 만든다. 내 욕망과 너의 욕망이 충돌하기 때문이다.

사랑이 자랑을 이긴다. 바울은 자기가 붙든 건 사람의 이론이 아니라 그리스도의 진리라는 걸 확신했고, 그 진리 자랑하는 길을 멈추지 않겠다고 선언한다. 바울은, 자기를 이끌어가는 사랑이 바로 그 사랑이라는 걸 확인해 주는 증인으로 하나님을 초대한다.

바울의 사랑은 자기가 섬긴 자들에 의해 짓밟혔다. **바울이 그 길을 계속 가려는 이유는 그 길이 예수께서 우리의 이기적인 악함을 이기신 방식이었기 때문이다. 바로 바울 자신이 그 방식으로 변화됐기 때문이다.**

욕망을 따르는 자는 가짜에 쉽게 넘어간다. 하지만, 예수께 사로잡힌 자는 가짜를 식별한다. 더 나아가 진짜는 존재 자체로 가짜의 실체를 고발한다.

12 소망, 약함의 십자가
고린도후서 12장 1~13절

> 신자의 여정은 주님을 사랑한다고 고백하고는, 그 고백에 합당한 자로 빚어지는 과정입니다. 우리는 두 길을 넘나들며 분투합니다. 복음을 말하며 여전히 육체를 따르거나, 혹은 연약함을 인정하고 복음을 따릅니다. 바울이 지닌 육체의 가시는 이 여정을 따뜻하게 응원하시는 하나님의 마음입니다. 그래서 여정이 지속될수록 신자의 얼굴은 점점 깊어집니다. 고난이 할퀴고 지나간 흔적이 고스란히 새겨집니다. 마음도 깊어집니다. 고난 한 가운데서 품을 열고 두 팔을 벌립니다. 혼란스러운 현실 너머 눈을 높이 들어 하늘을 봅니다. 그렇게 점점 더 십자가의 예수를 닮아갑니다.

바울의 주체는 주님과 신자들이었다. 그래서 상대에게 무익하다면 아무리 대단한 자랑도 감추고, 상대에게 유익하다면 아무리 부끄러운 수치와 약함도 과감하게 드러낸다. **우리가 복음을 치열하게 통과하다 보면, 서서히 주체가 바뀐다. 복음이 바로 주체의 전환, 나로부터 주님으로, 주님을 통해 너로 바뀌는 거기 때문이다.**

우리에게는 전차에 함께 탄 노예, 곧 육체의 가시가 필요하다. 그래야만 거들먹거림으로 자신과 모두를 망치지 않고, 오히려 하나님의 옳으심과 영광을 드러내면서 진짜 자유와 만족을 알게 된다. 그게 바울이 자신의 약함을 자랑하고 기뻐할 수 있었던 이유다.

바울이 헤아린 참 표적과 기사와 능력은 십자가에 못 박히신 예수였다. 십자가를 따른 흔적 곧 고난과 약함의 흔적만이 결국 너를 살려 나도 살리고, 온 세상을 살리는 유일한 힘과 능력이기 때문이다. 결국, **고난은 어떤 문제나 결함이 아니라 십자가 지신 예수께서 거기에 함께 계신다는 표시다.**

13 거룩한 초연함

고린도후서 12장 13~21절

> 예수를 따르는 삶은 녹록지 않습니다. 책임감 없는 판단, 사악한 오해, 온갖 욕망으로 버무려진 가시들로 상처 입는 일들이 부지기수입니다. 그러나 바울은 변하지 않는 상수에 집중하기로 합니다. 그리스도의 사랑과 영원한 생명이 그에게 분명한 진실임을 끊임없이 기억해 내려 합니다. 그럴 때 비로소 복수심으로, 보상 심리로, 욕망으로 대답하지 않을 수 있기 때문입니다.

사역자가 뭔가를 얻어내려는 마음으로 성도를 상대하는 건 결국 자기 욕망을 위해 성도의 영혼을 이용하는, 사악한 일이다. **그런 싸구려 욕망이 방치되면, 도움이 필요한 성도들보다는 얻어낼 게 있어 보이는 성도들에게 한 번이라도 더 신경을 쓰는, 초라한 삯꾼이 된다.**

의심과 두려움의 힘은 지속적일 뿐 아니라 심지어 영속적이어서, 결국 의심과 두려움으로 충만한 사람끼리 영원히 함께 사는, 처절한 지옥이 만들어지는 거다. 그 안에서는 사랑과 신뢰의 복음이 들어갈 틈이 없다. 반대로 복음에 감싸이면, 속아도 사랑이고, 억울해도 신뢰. 속아서 손해 보고 억울해서 손해 보는 게 아무리 많아도, 그 모든 손해를 손톱 밑 때만큼도 안 되게 만드는, 위대한 복음의 은혜가 그 모든 손해를 덮고도 남기 때문이다. 원수를 사랑하라는 말씀은 그때만 가능해지는 거다.

예수님을 더 진실로 사랑하게 된다는 것은, 사역자 자신의 필요가 아니라 신자들의 필요가 중심이 되는 섬김, 곧 영적 공평함의 폭이 점점 더 넓고 두터워진다는 뜻이다. 그래서 시간이 갈수록 내 필요를 채워줄 사람보다는, 내 헌신과 수고가 필요한 사람들을 향해, 마음이 더 빨리 움직이는 걸 경험하게 된다.

(이어서)

만일에 십자가 없이 만왕의 왕 예수님께서 우리 앞에, 다만 빛나는 영광으로 임하셨다면 우리는 두려움으로 굴복했을 거다. 그건 그야말로 '살기 위한 굴복'이었을 거다. 하지만 우리는 십자가에 벌거벗겨지신 채 달리신 주님, 온갖 수모와 수난을 통과하신 주님을 만난다. 그래서 그 앞에 마음 다한 사랑으로, 기꺼이 복종하고 순종한다.

복음에 제대로 사로잡힐 때만 고쳐질 가능성이 있다. 복음은 내가 얼마나 큰 죄인인가를 잊을 수 없게 하여 함부로 단죄할 수 없게 하고, 내가 얼마나 위대한 사랑과 은혜를 받았는가를 잊을 수 없게 하여 그 배부름으로 훨씬 더 쉽게 이해하고 용납하고 사랑할 수 있게 해 준다. 그리고 그 배부름 안에서, 당사자에게 직접, 겸손히 묻는 일을 두려워하지 않도록 도와준다.

누군가의 연약함이 발견될 때, 내 마음에 무엇이 흐르는가를 보면, 내가 사랑과 신뢰로 살아가는지, 의심과 두려움으로 살아가는지가 선명하게 드러나는 거다.

'지금 내 마음이 괴로워 죽을 지경이니 너희는 여기 남아서 나와 같이 깨어 있어 줘라.' 아버지 하나님 앞에서 어린아이 같은 아들로 '이 잔을 옮겨 주세요'라고 말씀하실 때의 그 연약함의 솔직한 노출이 우리에게는 너무나 귀하고 소중하고 아름답다. 그로 인해 우리는 주님께 목숨을 걸고 싶어진다. 주님 일이라면, 모든 걸 포기하고서라도 해내고 싶어진다. 우리가 누군가와의 꼬이고 꼬인 관계를 복음적으로 풀어가는 길은 오직 그 길이다. 성찰도 필요하고 요구도 할 수 있다. 하지만 그 밑바탕에는 '어린

아이 같은 맑음'을 찾아가는 길, 자신의 약한 모습 그대로를 기꺼이 인정하고 고백해도 될 만큼 복음의 은혜가 크고 위대한 능력으로 나를 붙들고 감싸고 있다는 걸 제대로 확신하는 그 길이 있다.

14 시간의 신비 사이에서 잘 살기

전도서 3장 1~22절

> 우리는 질주하는 시간의 레일 위에 있습니다. 숨이 벅차도록 달려가며 삶의 의미를 묻습니다. 그러나 그 가운데 안식할 수 있는 비결이 있습니다. 바로 하나님의 때를 신뢰하는 것입니다. 이는 미래를 예측하고, 상황을 통제하고자 하는 의심과 치열하게 싸우는 것을 의미합니다. 하나님께서 세심하게 돌보고 계신, 가장 정확한 '오늘'을 믿음으로 수납하는 것입니다. 애써서 과거를 극복하고 미래를 예비하지 않고, 지금 허락된 시간 위를 달리며 하나님의 영원과 연결되는 것입니다.

영원적 차원에서 오늘을 산다면, 과거에 대한 우월감도 없고 미래에 대한 두려움도 없이 훨씬 더 자유로울 수 있다. 우리는 시간과 삶의 관계를 다룰 때 길이나 속도 같은, 소위 정량적 관점보다는, 내가 오늘 어떤 기반 위에서 살아가는가 하는 정성적 관점을 취할 필요가 있다.

하나님이 지으신 만물은 그 자체로 하나님 보시기에 아름다웠지만 전도자는, 그것들이 하나님의 때에 맞추어 피어날 때 진실로 아름답다는 통찰을 알려 준다. **그 아름다움의 절정은 바로, 그것이 하나님의 영원의 빛에 비춰질 때다. 만물의 모든 때가 허무에 삼켜지지 않는 길은 영원의 빛 아래 있을 때뿐이다.**

어떤 일이 언제 시작되고 종료될지, 미래에 속한 때가 어떻게 어떤 모양으로 진행될지 알고 싶어 하는 마음은, 선악과를 향한 욕망과 유사하다. 상황을 통제하려는 욕망의 연장이다. 그런데 실용적인 측면에서 보더라도, 미래에 대해 알려는 욕망은 득 될 게 없다. 오늘 먹고 마시고 할 일 하는 것에서 참 만족과 기쁨과 영원적 가치를 발견하지 못한 채 막연히 내일을 추구한다면, 언젠가는 있을 거라고 생각했던 기쁨과 만족이 안개에 불과했다는 진실이 반드시 드러날 거기 때문이다.

우리의 일상이 허무와 잊힘에 삼켜지지 않고, 의미와 가치를 보존하고 아름다워지려면, 반드시 영원의 빛에 비추어져야 하고 그 뿌리가 하나님의 영원에 연결되어 있어야만 한다. 영원한 차원에서 하나님의 행하심은 어떤 것도 보탤 필요 없이 완전하여 아름답기 때문이다.

15 오버하지 않고 책임 있게 살기
전도서 5장 1~8절

> 그리스도와 연합한 신자의 정체성은 양가적 의미를 지닙니다. 하늘 보좌에서 통치하시는 그 주님과 연결되었지만, 여전히 이 땅에 발 딛고 있습니다. 죽음 아래 놓인 고난과 연약함에 날마다 눈물 흘리지만, 영원한 생명을 이미 소유한 자입니다. 그러나 이 양면성은 그야말로 신자로 '오버하지 않고 책임 있게 살도록'하는 선물입니다. 하나님과 영원히 연결되었다는 사실이 선사하는 완전한 부요함을 누리게 하면서도, 동시에 하나님과 우리의 무한한 간극을 성급히 허물지 않도록 인도하기 때문입니다. 그래서 더욱 겸손히 말씀에 귀 기울이고, 담대하고 즐거이 순종할 수 있게 격려하기 때문입니다.

21세기의 신은 몸이다. 하지만 매일의 일상에서 그 몸에 하나님의 영원을 담으면, 그 몸은 위대하고 아름다운 선물이 된다.

복음의 지배를 받지 않는 우리 마음은 근본적으로 종교적이 된다. 종교는, 자기를 희생하신 하나님의 사랑이 나를 끌어가는 삶에서 벗어나, 내가 하는 어떤 종교적 행위가 하나님의 보상을 얻어내고 나를 지켜줄 것처럼 착각하는 거다. 결국 하나님과 거래하는 거다. 내가 하나님을 조정하려는 거다. 내 행동의 정도가 하나님의 보상의 정도를 결정한다고 오해하는 거다.

하나님이 하늘에 계시다는 것을 알고 믿어야 한다. 곧 나를 누구보다 잘 아시고, 내 삶에 관한 모든 것을 아시고, 모든 것을 그의 뜻을 따라 행하실 수 있고, 나를 지극히 사랑하신다는 사실을 알아야 한다. 동시에 내가 땅에서 걸을 수밖에 없는 존재라는 것, 곧 내가 보고 듣고 경험하고 생각하는 것이 지극히 제한적일 뿐이라는 것을 인정해야 한다. 그때 우리 안에서는, 하나님께 맡길 수 있는 지식과 믿음이 작동한다.

16 영원한 지금
전도서 6장 1~12절

> 신자는 오늘을 영원에 비추어 삽니다. 이 말은 오늘의 현실, 곧 땅의 시간이 전부가 아님을 아는 것과 같습니다. 그러나 땅의 것을 허무는 것이 아닙니다. 오히려 헛되이 욕망하지 않고 겸손히 누리는 법을 배우는 것과 같습니다. 오르고 내려가는 굴곡진 시간을 영원에 비춰본다면, 우리는 주어진 현실을 재해석할 수 있게 됩니다. 자만하지도, 절망하지도 않을 수 있습니다. 비결은 예수님이 보이신 온유와 겸손을 닮는 것입니다. 영원하신 아버지와 신실하게 연결되고자 하는 마음 말입니다. 고통스러운 침묵의 시간, 영원히 버림받은 것 같은 십자가 위에서도 아버지께 자신을 의탁했던 그 신실한 신뢰 말입니다.

모든 지금은 영원한 지금이다. 그게 팩트다. 따라서 착시와 편견에서 벗어나 하나님의 현실, 진정한 팩트로 들어가 사는 법을 배우는 게 신앙의 여정이다.

예수님은 세상 모두가 예수님을 하나님으로 받들어 섬길 때는 오히려 어린 나귀를 탄 초라한 왕으로 예루살렘에 입성하셨고, 십자가의 극단적 고통과 부당한 죽음 앞에서도 끝까지 하나님을 신뢰하셨다. **예수님의 온유와 겸손은 특정한 도덕적 태도나 성품이 아니라, 하나님과 연합한 관계, 그 관계에 대한 절대적 헌신과 충성, 사랑과 신뢰에서 흘러나오는 자연스러운 표현이었다.** 따라서 불행은 불행이라는 사실 만으로도 우리 마음을 무겁게 짓누르지만, 더 근본적으로는 나와 하나님의 관계가 그 무게를 결정한다.

고통과 수치와 번민이 없는 상태를 평안이라 할 수 있다면, 그는 그 많은 선물에도 불구하고 결코 평안을 누리지 못했던 거다. 평안이 없다면 장수는 곧 저주가 된다. 그리고 이 땅에서 장수하며 평안을 누렸더라도 영원한 평안으로 연결되지 않는다면, 그것은 곧 허무가 된다.

(이어서)

오늘의 모든 수고와 그 결과로 얻게 되는 기쁨과 만족이, 영원으로 이어진 실체와 확고하게 연합되지 않는다면, 이 땅에서 누리는 모든 것은, 그것이 얼마나 화려하냐 여부와 관계없이, 헛됨의 분량만 늘리는 의미 없는 그림자에 불과할 거다.

우리는 다만 그의 말씀에 귀 기울일 뿐이다. 마치 꽉 막힌 도로를, 위성과 연결된 초정밀의 내비게이션 안내를 따라 이동하듯, 우리는 모두 영원으로부터 외치시는 그 말씀에 귀 기울여, 그 말씀 따라 이동하며, 그 시선으로 이 땅 사건들을 해석하면서, 하루하루 믿음으로 살아갈 뿐이다.

나보다 무한히 크신 하나님을 신뢰하는 믿음으로만 우리는 영원한 문제에서 벗어나, 그의 영광을 누리게 된다. 그렇다고 해서 논리적이고 이성적인 판단이 무의미해지는 것도 아니다. 다만 논리적이고 이성적 판단을 절대화하는 자들은, 하나님보다 자기 자신을 더 믿기 때문에 그 영광을 누리지 못하는 거다. 우리는 나보다 강한 자와 다툴 수 없다는 그 진실을 인정할 때 비로소 진실로 담대하게 살 수 있다.

무한을 이 땅으로, 영원을 지금으로 끌어와 실체가 되게 하신 예수님 덕분에, 예수님 따르는 모든 이들은 '영원한 지금'을 자기 안에 담고 사는 자들이 되었다. 그는 결코 오버하지 않을 수 있다. 영원에 비춘 지금을 살기 때문이다. 그는 땅의 것을 누리되 그것이 전부인 듯 생각하지 않기 때문에 스스로 자만에 빠지지 않을 수 있다. 영원에 비춘 지금을 살기 때문이다. 그는 실패와 좌절의 늪에서 헤매지 않을 수 있다. 영원에 비춘 지금을 살기 때문이다.

3부   엉겨 붙다

기대어
꽃내음 나는
몸들

Flowering His Body

1. 이기는 공동체의 조건
2. 사단의 반격과 교회의 응전
3. 단 하나의 기준만 가진 교회와 신자
4. 패자부활전
5. 의논과 기도로 세워지는 공동체
6. 상처가 새 길이 되다
7. 함께 기억하는 공동체
8. 도시(에서), 만남(을 통해), 약속(을 따라)
9. 감동보다, 해석보다, 존재보다, 공동체
10. 부르신 목적으로 분열을 덮는다.
11. 그대에겐, 그런 사랑이 있는가?

    (삶을 바꾸는 만남)
12. 말과 능력, 말의 능력
13. 모든 지식들의 지식, 사랑
14. 기다리라
15. 은사야, 너 자리로 갈래?
16. 환난을 위로와 소망의 재료로
17. 혼자만 잘 살믄 무슨 재민겨?

1 이기는 공동체의 조건
사도행전 4장 23~35절

> 승리하는 교회는 머리인 그리스도께 완전히 연결된 몸 의식을 가집니다. 진리에 확고히 연결되어 있고, 그러므로 오직 '사랑과 신뢰'의 방식으로 살아내기 때문에, 때론 혹독한 상황 앞에서도 소망을 노래할 수 있습니다. 선하신 하나님의 인도하심은 그늘에게 분명한 사실입니다. 현실을 분명히 직시하면서도, 단지 눈에 보이고 경험되는 어떤 것으로도 절망할 필요가 없는 것입니다. 무엇보다 그들은 기도합니다. 하나님의 마음과 점점 포개어집니다. 그 영원한 연결이 평안을 선물합니다. 그렇게 교회는 점점 더 예수의 몸으로 아름답게 빚어집니다.

이기는 공동체란 이기는 힘을 가진 집단이 아니라, 이기는 힘의 원천인 주님께 제대로 붙어있는 혈연관계에 가깝다. 승리의 목표를 정하고 사력을 다해 성취해 내는 조직이 아니라, 이미 이기신 예수님과 신실하게 동행하는 공동체다. 공동체의 주체가 교회가 아니라 모든 걸 아시는 주님이시기 때문에, 이기는 공동체는 투명하다. 교회의 상황과 지체 간 어려움을 함께 공유해도 위험하지 않다. 하나님의 시선을 잃지 않는다. 맞이하는 상황들을 하나님 말씀으로 해석한다. 그 결과 하나님과 통하고 있는 증거가 선명하게 쌓여간다. 하나님의 꿈에 기꺼이 뛰어든다. 내 꿈 꾸고 내 꿈 이루는 게 행복인 줄 알았는데, 하나님의 꿈의 비밀을 발견하고, 그 꿈에 참여하는 건 완전히 다른 차원의 기쁨과 영광이라는 걸 알게 된다.

말씀에 제대로 비치면 교회만의 유니크한 속성이 나타난다.

담대한 평안은 순종에서 나오고 순종은 기도의 힘에서 나온다.

2 사단의 반격과 교회의 응전
사도행전 4장 46절~5장 11절

> 성령을 속여 죽임을 당했던 부부의 이야기는, 복음의 빛
> 앞에 우리의 중심을 날마다 비추는 성찰을 멈추지 말아야
> 할 것을 경고합니다. 사탄의 작전은 너무도 교묘합니다.
> 하나님도 옳고, 동시에 우리도 옳고 싶어지는 함정에
> 빠뜨립니다. 자신을 숭배하려는 욕망에, 하나님을 예배
> 한다는 거룩한 명분을 덧붙이기만 하면 괜찮다고
> 착각하게 만드는 것입니다. 결국 참된 빛 앞에 서면
> 속수무책으로 드러날 힘 없는 거짓에 휘감겨 자신까지
> 속이는 어리석음에 빠지게 만드는 것입니다.

사탄은 내부적 분열을 시도한다. 핵심은 '위선과 기만'이었다. **그 계략은 무엇보다, 우리에게 자기 존재를 증명하여 인정받으려는 욕망에 목마르게 한다. 타인에 대한 진정한 사랑을 불가능하게 만들려는 거다. 그 계략은 또 하나님보다 물질로 안전을 확보하려는 욕망에 허덕이게 만든다. 하나님에 대한 진정한 신뢰를 불가능하게 만들려는 거다. 결국 사랑과 신뢰를 무너뜨려서, 하나님의 질서를 무력화시키려는 계략이다.** 아마도 우리가 이 땅을 떠날 때까지 내내 우리를 따라다니며 징그럽게 딱지를 걸어 올 어둡고 습하고 끈적거리는 계략이다.

복음의 빛에 제대로 비추어 보지 않으면 나를 움직이는 힘이 뭔지 성찰할 수 없다. 교회 문화적인 옷만 걸친 채, 여전히 이전에 통했던 기질과 욕망의 에너지로 사는 거다. 결국 하나님도 속이려는 듯, 기만적으로 생각하고,

그게 점점 과감해지면서 돌이킬 수 없는 어둠으로 빨려 들어가는 거다. **하나님이 그들을 직접 죽이신 거라기보다는, 어둠이 빛을 만나면 소멸하듯, 죄가 거룩에 접촉하는 순간 스스로 소멸당하는 이치였다.**

3   단 하나의 기준만 가진 교회와 신자

사도행전 6장 1~15절

> 참된 공동체는 자칫 분쟁으로 번질 수 있는 문제를,
> 겸손한 토론을 거쳐 사려 깊게 마음을 모아 대처함으로써
> 기쁨으로 변화시킵니다. 그들이 문제를 바라보는 태도는
> 지극히 '타자 중심'이고, 또한 '그리스도 중심'입니다.
> 그리스도 안에서 서로를 존귀하게 바라보기 때문에, 여러
> 직분이 차별 없이 조화롭게 협력할 수 있습니다. 이런
> 신자들은, 오로지 자기만을 지키려는 이기적인 폭압
> 앞에서도, 흐트러짐 없이 성령의 인도하심을 받습니다.
> 세상이 감당할 수 없는 신자들입니다.

확장에는 번거로움이 따른다. 독점하듯 누리던 관계, 시간, 공간, 물질을 남과 나눠야 한다. 불편하고 속상하다. 하지만 그 과정을 기꺼이 통과하면서 우리는 모두 교회를 가득 채우는 생명력의 아름다움을 맛보고 또 내일을 희망할 수 있다.

'무엇을 결정하느냐'보다 중요한 것은, '성도들이 마음 실어 논의하고 합의하는 과정을 가졌느냐?' 하는 것이다.

복음을 진실히 추구하는 교회는 양극화의 진영논리를 넘어, 본질을 구하는 자들이 함께 예배하는 교회가 된다. 그게 교회고 그런 교회만이 세상에 희망을 주고 세상을 구할 수 있다.

4　패자부활전

요한복음 21장 9~14절

> 복음은 모든 실패를 향해 손을 내미는 회복의 선물입니다. 가장 처참한 실패, 곧 죽음까지도 생명으로 일으킬 수 있는 능력입니다. 패자들의 역할은, 조건 없이 선물을 내어 주시는 하나님의 은혜를 붙드는 것뿐입니다. 스스로 어떠한 자격과 조선도 마련할 수 없음을 알고, 그럼에도 여전히 사랑하신다는 그 말씀을 전적으로 신뢰하는 것입니다. 신자의 여정이 그렇습니다. 뭔가를 대단히 해내는 과정이 아니라, 완전히 무가치한 나라도 사랑하시고 용서하셨다는 주님의 음성에 계속 귀를 기울이는 투쟁입니다.

예수님의 십자가와 부활은 우리를 위한 위대한 패자부활전이다. 이 땅 모든 사람은 하나님의 거룩하심과 온전하심 앞에서 영원한 죽음에 떨어질 패자들이지만, 하나님은 다시 태어나 영원한 영광으로 살 기회를 주신다.

예수님은 강자 중심의 세상 가치에 휘둘리고 휩쓸리는 자로서는 거의 알아볼 수 없는 얼굴로 우리를 만나실 거라고 말씀하신 셈이다. **조건과 상관없이 사람을 하나님의 형상으로 보려 하지 않는다면, 우리가 약한 자의 얼굴로 오실 부활의 주님을 알아볼 가능성은 거의 없다.**

언제 어떻게 오실지 모르는 예수님 얼굴을 열심히 찾아야 한다. 그 과정에서 우리는 내 안에서, 또 너 안에서, 다시 시작하게 하시는 패자 부활의 은혜를 발견하게 된다. 예수님은 패자의 부활을 위해, 패자가 겪었던 과거의 아픔보다 더 부요한 은혜로 그를 압도하신다. 그의 존재 의미를 다시 새롭게 설정하시고, 확실히 이루실 일을 약속하신다. 그리고, 그 약속을 보증하시려고, 함께 나누는 식탁, 성만찬의 연합으로, 말씀과 기도와 일상의 세밀한 감동으로 오시는 얼굴로, 우리와 연합하신다. 우리는 끝장난 것 같은 모든 상황에서, 얼마든지 다시 일어설 수 있고, 다시 시작할 수 있다.

5 의논과 기도로 세워지는 공동체

사도행전 15장 1~31절

> 신자는 그가 가진 인격과 사랑, 곧 '존재'로 대화하는
> 자들입니다. 성령을 따를수록, 점차 그 마음의 질서가
> 영원과 맞닿습니다. 지체는 서로 기대어 머리에 연결
> 됩니다. 머리에 순종하려는 겸손한 분투가 공동체의
> 의논과 기도를 아름답게 합니다. 그러므로 이런 공동체는
> 옳은 길에서 벗어나지 않으면서도, 사용하는 언어 안에는
> 겸손한 인격에서 흐르는 사려 깊음이 가득합니다.
> 무엇보다 하나님께서 모두를 다르게 창조하신 것이
> 공동체의 색채와 깊이를 얼마나 풍성하게 만드는지
> 헤아립니다. 그러므로 매 순간 공동체 안에 일어나는
> '한 몸 되어가는' 도전을 기쁨으로 누릴 수 있는 것입니다.

다르기 때문에 갈등이 있지만, 그걸 어떻게 해결하느냐에 따라 공동체의 건강성이 형성된다.

예수 사랑을 표현하는 방식의 차이보다 중요한 건, 예수 사랑이 진짜냐는 거다.

성령님께 맡기는 게 가장 안전하다는 생각을 확고히 가졌기 때문에, 상대에 대한 경계나 의심 없이, 거절당할지 모른다는 두려움 없이, 기꺼이 말하고 들을 수 있었다.

복음을 따르는 길에서, 갈등과 충돌은 거의 필연이다. 그런데 그때 꼭 필요한 건, 말씀 앞에서 자신을 상대화시키고, 묻고자 하고, 듣고자 하는 태도, 그리고 그 위에서 함께 의논하고 서로에게 복종하려는 자세를 잃지 않는 거다.

6 상처가 새 길이 되다

사도행전 15장 36절~16장 10절

> 우리의 현실은 때론 무척 나약하고 한심합니다. 복음의 능력을 알지만, 살아낼 실력이 부족합니다. 지독하게 이기적이라, 많은 이들을 죽이고 상처를 주며 무수한 오해와 편견 속에서 그들을 떠나보냅니다. 하나님께서는 이 모든 과정을 통과하는 우리와 함께하시며 우리를 형성하십니다. 무력감을 지나, 깊은 통찰을 넘어, 은혜에 이끌리는 자임을 다시 한번 각성하게 하시고, 결국엔 우리를, 그리스도를 닮은 복음의 사람으로, 사랑의 사람으로 빚으십니다. 주님은 그 지난한 여정 중에 생겨난 우리들의 상처 위에도 반드시 새 길을 여십니다.

하나님은 사람의 상처도 당신의 영광으로 만드시고 우리의 죄와 미련함도 선을 이루는 여정으로 쓰신다.

복음적 삶이란, 내가 얼마나 제대로 잘 사느냐를 넘어, 돌봄 받아야 할 연약한 성도들, 세상의 약자들을 어떻게 세우느냐에 더 집중하는, 타자 중심적 삶이다.

세상이 자극하는 자유는 족쇄를 풀고 얽매임을 해체하는 방식이지만, 복음이 안내하는 자유는 타인이 누릴 복음의 자유를 위해 내가 기꺼이 묶일 수 있는 방식이다. 세상을 자유롭게 하는 복음 타자성의 비밀이다.

교회의 부흥은 무엇보다 건강한 복음 신학 위에서, 교회가 이해관계를 위해 신자들을 이용하지 않고, 세상을 품으시는 예수 사랑을 진실하게 표현하려는 몸부림으로 확인된다. 자기 고집을 부수면서, 예수의 길이 옳다는 걸 온몸으로 드러내려는 수고로 확인된다. 그런 교회에서는 타자성이 자연스럽고 성도들은 지역 주민들과 활발하게 접촉한다. 그게 부흥한 교회다. 교회가 더 세워져야 한다면, 바로 그런 교회여야 한다.

연약함은 자신을 깊이 성찰하게 하여, 주장하는 공동체가 아닌 의논하는 공동체로 성장시킨다.

7 함께 기억하는 공동체

학개 2장 10~23절

> 비교 의식은 낙심을 불러일으키고, 현실에 함몰된 시각은 실리적 판단을 옳게 여깁니다. 그러나 하나님은, 교회가 같은 기준을 품고 함께 기억하는 공동체가 될 것을 요청하십니다. 이때 기준은, 하나님과 그분의 신실한 약속입니다. 교회는 하나님과 완성될 회복을 기억하며, 곧 예수 그리스도의 죽음과 부활의 의미를 기억하며, 바로 그 승리 위에서 오늘을 함께 분투하도록 부름을 받은 것입니다. 이처럼 교회가 '기억의 공동체'로 존재할 때, 신자의 어제와 오늘, 그리고 내일은 하나님께서 이루시는 놀라운 역사의 존귀한 무대가 되는 것입니다.

같은 기억의 기준을 가지고 함께 기억하는 게 중요하다. '과거부터 현재까지 우리 존재와 모든 일을 끌어가시는 분이 누구시냐'가 기준이어야 한다.

우리는 기억의 공동체로 부름을 받았다. 우린 매일 예수님의 죽으심과 부활의 의미를 제대로 기억하여 오늘을 살도록 요청받고 있다. 과거부터 오늘을 지나 미래까지 우리 삶을 끌어가시는 분이 만왕의 왕이시고, 그의 최종 그림은 완전한 승리이고, 그걸 위해 하나님은, 멸망한 유다 왕국의 마지막 왕 여호야긴의 손자 스룹바벨을 회복시키심으로, 당신의 그림에 낙관을 찍으셨다는 걸 기준으로 기억하라 하신다.

8 도시(에서), 만남(을 통해), 약속(을 따라)
사도행전 18장 1~18a절

> 신자는 주님께서 머물게 하신 곳에서, 만나게 하시는 사람과의 관계 속에서 역사하실 주님의 섭리를 신뢰합니다. 자신을 활짝 열어 하나님의 복음이 통과하도록 내어 맡깁니다. 복음이 삼켜지는 것 같을 때, 실패가 뻔히 보이는 상황에도 끝내 약속을 신뢰하며, 흔들릴지언정 그 길 위에 있습니다. 그 모든 과정 위에서 선하신 계획을 펼치고 계실 주님을 믿기로 합니다.

우리는 평생의 우정과 동역으로 이어질 만남을 기대한다. 하지만 그 **만남이 영원히 아름다운 의미로 남으려면, 만남을 끌어가는 힘이 영원에서부터 나오는 거여야 한다.** 내 주장이나 이해관계가 아니라 **주님의 약속이 끌어가는 만남이어야 한다.**

우리의 연약함 때문에 하나님의 약속의 음성을 직접 듣고 확신하는 시간이 필요하긴 하지만, 그전에도 얼마든지 믿을 수 있다는 걸 염두에 두는 게 좋다. 자녀를 지극히 사랑하는 부모라면, 언제든 항상 자녀를 향해 이렇게 말해주고 싶어 할 게 분명하지 않을까? "걱정 마, 내가 다 보고 있어. 내가 끝까지 책임져 줄 거야" 하물며 우리 주님이실까?

9 감동보다, 해석보다, 존재보다, 공동체

사도행전 21장 1~16절

> 성령님은 신자 안에서 분명히 말씀하시지만, 그러나 동시에 신자의 믿음의 해석과 선택을 요구합니다. 때론 애매하고 열린 이끄심 때문에, 생각들이 나뉘고 끝없는 토론이 이어집니다. 그러나 예수에게 완전히 내어 맡긴 신자라면, 거절과 반대 속에서도 결국 겸손히 마음을 모을 수 있게 마련입니다. 진정으로 성령께 귀 기울이는 신자는, 서로에게도 사려 깊게 마음을 기울입니다. 자신을 증명하고 지키려는 것이 아니라, 유일하게 옳으신 분에게 순종하려는 것이기 때문입니다. 아름답게 분투하는 공동체. 이들은 곧 주님이 바로 곁에서 함께 걷고 계심을 깊이 느끼게 될 것입니다.

신자란 내가 옳아야만 하고 내 주장이 받아들여져야만 하는 건 아니라는 걸 인정하고, 오직 주님 뜻으로 생각되는 걸 말하고 듣고 대화하는 여정을 기꺼이 걷는 존재, 어떤 경우에도 주님과 복음이 옳다는 확신이 주는 여유 때문에, 다른 생각 다른 입장도 헤아리려는 마음으로 가만히 들을 수 있는 존재이다.

내가 성령의 감동을 받았다는 것도 중하지만, 같은 감동을 다르게 해석하는 지체의 말에 귀 기울일 줄 아는 게 더 중하다. 성령의 감동도 감동이지만, 내가 그 감동을 어떤 방향으로 해석할 수 있는 존재인가를 성찰하는 게 더 중하다. 더 나아가 서로에게 겸손히 귀 기울이는 공동체를 함께 세워가는 게 중하다.

교회 공동체의 원칙은 본질적으로 다수결이 아니다. 다수결은 존중할 만한 가치가 있지만, 민주주의의 함정이 되기도 한다.

10 부르신 목적으로 분열을 덮는다.

고린도전서 1장 4~17절

> 예수 이름으로 모인 신자들은, 마음과 뜻이 나뉘어서는 안 됩니다. 한 머리를 둔 몸의 지체가 서로 모순되지 않는 것처럼 말입니다. 다른 의견이 있어서는 안 된다는 의미가 아닙니다. '얼마든지 토론하고 논쟁하되, 분쟁해서는 안 된다'는 의미입니다. 이를 위해 신자는 자신이 언제든지 틀릴 수 있음을 겸손히 인정해야 합니다. 우리가 삶의 곳곳으로 보내진 목적이, 우리의 존재감을 드러내며 영향력을 확인하는 것이 아님을 기억해야 합니다. 이 목적의식이 분명하다면, 겸손히 인정하며, 사려 깊게 절제하며, 기쁨으로 무명한 자가 되는 일도 얼마든지 가능합니다.

교회에서도 얼마든 토론과 논쟁을 할 수 있어야 한다. 하지만 분쟁은 안 된다. 토론과 논쟁은 내가 생각하는 예수님 뜻을 솔직하고 당당하게 말하기는 해도, 예수님 몸이 깨질 것 같으면 언제든 내 뜻을 접고 모든 걸 포기할 수 있다는 전제로 말하는 거다. 예수님을 사랑하는 마음에서는 완전히 일치하겠다는 마음을 품는 거다.

십자가를 알고 따라야만, 성공하고 행복해지더라도 그게 최종 가치가 아님을 알아, 교만과 거만, 불안과 염려, 의심과 두려움의 노예가 되지 않을 수 있고, 십자가를 제대로 알고 따라야만, 실패와 절망, 좌절과 낙심의 상황에서도, 그게 인생 최종 결론이 아님을 알아, 좌절하거나 포기하지 않을 수 있다.

폭풍 같은 두려움이 있다고 해도 괜찮다. 갈보리 고통으로 나를 살리신 주님을 보면서 마음 걸음을 천천히 떼는 동시에, 하루하루 말씀을 펼치고, 신실히 성령을 따르다 보면, 우리는 어느새 폭풍이 우리 뒤로 물러나 있는 걸 보게 될 거다. 나도 모르는 사이에 이미 폭풍을 뚫고 지나왔던 거다. 그 길을 격려하며 잘 걸어가자.

11 그대에겐, 그런 사랑이 있는가?
(삶을 바꾸는 만남)

고린도전서 4장 17절

> 삶의 온기가 필요합니다. 눈으로 볼 수 있고 만질 수 있는 예수님의 위로가 필요합니다. 하나님께서는 예수님을 꼭 닮은 자들로서 우리를 서로에게 보내셨습니다. 서로의 시선과 언어와 몸짓에서 예수님의 형상을 보고 만지도록 하시는 겁니다. 우리가 '주 안에서' 서로를 이토록 친밀하고 든든하게 누릴 수 있다면, 우리는 역사하시는 성령 안에서 값진 성품의 열매를 맺게 될 것입니다. 사랑이신 그분을 닮아, 서로를 복되고 행복하게 하고자 하는 열망으로 연결된다면, 이 연합은 세상이 결코 채워줄 수 없는 부요한 복일 것입니다.

모든 상황에서 나를 부요하게 하시는 분, 모든 상황에서 내가 홀로 떨어져 있는 외로운 섬이 아니게 하시는 분, 그분은 바로 예수님이시다.

우리 몸은 만질 수 있는 예수님, 눈으로 볼 수 있는 예수님이 필요하다. 예수님을 보여주고 느끼게 해 주고, 예수님이 매우 가까이에 함께 계시다는 것을 실감 나게 해 주는, 예수님을 꼭 닮은 사람이 너무 필요한 거다. 그때 숨이 쉬어지고 살맛이 나는 거다.

서로가 서로에게 배부른 자부심을 주는 상호적 관계 속에서 동행하는, 그보다 더 이상적일 수 없는, 그런 사람들이 있다.

모든 신실한 관계, 삶을 바꾸는 만남 안에는 삼위일체성이 있다.

12 말과 능력, 말의 능력
고린도전시 4장 18~21절

> 말씀으로 세상을 창조하신 하나님을 닮아, 신자들도 말이 곧 능력인 삶을 살아야 합니다. 세상은 의미 없이 흩뿌려진 시끄러운 말들로 가득합니다. 그러나 신자가 추구할 말은 참된 의미와 강력한 힘을 가집니다. 하나님의 말씀이 생명을 틔워낸 것처럼, 신자의 말도 '살게 하는 언어'이어야 합니다. 아주 작은 한마디로도 시든 영혼에 새순을 돋게 하는 사랑의 언어 말입니다.

우리 마음에 감동과 변화를 일으키는 말은 언제든지 '사랑과 온유한 마음'으로 전하는 말이다.

복음에서 비껴가서 욕망을 좇아 분열하는 고린도 신자들은 말만 하는 자들이지만, 진실로 복음을 따르는 자에게서는 연합과 일치의 능력이 나타난다.

하나님 나라의 능력이란 십자가의 복음을 따라, 예수 그리스도를 높이고 자신을 낮춤으로, 서로를 환대하고 존중하여 성령의 하나 되게 하심을 따라 연합하여, 세상이 예수 그리스도의 몸이 거기에 있다고 하는 걸 알게 하는 능력이라고 할 수 있겠다.

말씀이 증거하는 하나님 나라의 진정한 능력은, 신자들이 기꺼이 십자가를 지고 십자가의 길을 걸음으로, 나보다 남을 낫게 여기고, 내가 죽어 예수께서 사시는 삶을 열망하므로, 서로 연합하고 일치하는 신자들을 통해 예수님과 하나님의 영광이 드러나는 일이다.

13 모든 지식들의 지식, 사랑

고린도전서 8장 1~13절

> 신자는 갈등과 고통을 이기는 가장 강력한 힘이 무엇인지 압니다. 교만에서 출발한다면 지식도 폭력의 도구가 될 뿐입니다. 하나님의 마음과 포개어져야 합니다. 사랑에 감싸여야 합니다. 그 사랑으로부터 출발할 수 있다면, 너와 나 모두가 진정으로 살 수 있는 길을 찾게 됩니다. 사랑, 그 참 지혜를 기꺼이 따르며 자신의 모든 판단과 선택을 맡기는 신자에게는 성령께서 허락하신 아름다운 인격의 열매가 맺힙니다. 점점 더 즐거이 낮아지고, 고난을 받으며, 포기할 수 있는 두둑한 자유가 채워집니다.

교만이 갈등을 잠재우는 방식은 압도적인 힘에 의한 독재와 폭력뿐이다. 거기엔 어둠과 어둠에 가려진 슬픔과 비통함이 있을 뿐이다.

자기중심적으로 집착하는 사랑이나 자기만족을 사랑이라고 착각하는 사랑 말고, 자신을 기꺼이 내어주고자 하는 아름다운 사랑이라면, 그건 어떤 경우에도 탈 나는 법이 없다. 그 사랑은 궁극적으로 자기희생을 통해 너를 살리고 그래서 결국 나도 살게 되는 능력이다.

지식은 유용하지만, 자기 옳음을 입증하려고 할 때가 아니라, 사람을 살리려고 할 때만 유용하다. 우리는 하나님 사랑의 지배를 받는 지식으로, 하나님 사랑을 더 잘 표현하는 지식으로, 그 지식에 의해 더 풍성하게 드러나는 사랑으로 살아가는 자로 부름을 받았다.

참 자유는 자신도 자유로울 뿐 아니라, 타인도 자유롭게 하는 자유여야 한다.

14 기다리라
고린도전서 11장 17~34절

> 성만찬은 예수의 몸과 피를 먹고 마시며, 그리스도 안에서 영원한 생명으로 연결되는 신비한 시간입니다. 바울은 신자에게 가장 아름답고 유익한 이 만남이 상처와 소외의 모임으로 변질되는 것을 경고합니다. 교회가 세상의 방식을 거스르지 못한 탓입니다. 교회는 심긴 그 자리에 존재하되, 하나님 나라가 어떤 곳인지 보여주어야 합니다. 다시 본질, 곧 그리스도의 복음 앞으로 돌아와 깊이 성찰하며 이 이야기에 몸을 실어야 하는 것입니다. 내가 얻은 은혜가 어떠한지 깊이 헤아리며, 누군가를 깊은 사랑으로 기다리는 것이 신자가 걸어야 할 길입니다.

유익한 모임은 분명하다. 모일수록 예수님을 더 사랑하고 서로를 더 신뢰한다. 자아가 계속 성장하는 게 분명해서 영혼이 뿌듯하다. 사람과 세상에 대한 포용력이 넓어지고, 이웃과 세상을 복음으로 유익하게 하는 일을 생각한다.

서로를 기다리는 게 아름답다. 기다림이 힘든 이유는 나를 기다리시는 하나님을 잊었기 때문이다. 나를 기다리시는 하나님을 잊으면 우리는 내가 원하는 걸 내가 원하는 때에 내가 원하는 방식으로 성취할 권리를 주장하게 된다. '권리포기'의 기본은, 내가 원하는 게 아니라 그에게 유익한 것이 그에게 유익한 방식으로 채워질 때를 기다리는 거다. **기다림은 결코 수동적이지 않다. 하나님과 내밀하게 소통하려고 능동적으로 치열하게 분투하는 시간이 바로 기다림의 시간이다.**

15 은사야, 너 자리로 갈래?
고린도전서 12장 1~31절

> 영적 은사는 예수를 구주로 고백한 자에게 주어지는 삼위일체 하나님의 선물이며, 주가 통치하시는 나라를 드러내는 데 그 목적이 있습니다. 무엇보다 은사는 하나님의 존재 방식, 곧 함께 손 붙잡고 협업하시는 연합을 반영하게 됩니다. 다양한 얼굴을 하고 있지만, 한 성령 안에서 한 목적, 곧 사랑으로 향하는 것입니다. 그러므로 참되게 은사가 사용되는 곳에는 분열과 소통이 잠들고, 마주한 시선과 깊은 연대가 머무는 것입니다.

바울은 무엇보다 은사의 본질이 형식보다 내용이라는 걸 가르쳐야 했다. 예수를 드러내느냐는 거다. 성령의 은사는 나와 모두의 관심을 예수께 향하게 하고 예수를 주로 고백하고 섬기게 한다. 성령의 은사는 개인의 영성을 넘어, 전 삶에서 예수가 나의 왕이심을 나타내도록 허락된 선물인 거다.

은사는 반드시 말씀과 조화를 이루면서, 너와 나, 우리를 유익하게 한다. 그러니까 우리를 말씀 위에 굳게 세우고, 지체들이 서로를 사랑하고 신뢰하도록 도와 공동체에 복음의 자유와 평화가 흐르게 하는 거다. 더욱 큰 은사는 내 유익과 개 교회의 유익을 넘어 하나님 나라의 덕을 세우는 은사다. 가장 좋은 길은 사랑으로 행하는 길이다.

사랑으로 행하는 믿음은 모든 걸 잃어도 자유롭고, 모든 일에 힘쓰면서도 집착하지 않는다. 모든 걸 다 아시는 하나님이, 나를 아시고 나를 위한다는 사실이 내 현실로 받아들여질 때 나타나는 위대한 행복이다. 그것은 수동적이면서 능동적인, 약해 보이면서 실상은 매우 강한 힘이다. 주장하지 않고 다투지 않고 다만 주님 뜻에 맡기므로, 주님을 개입시키는 힘이다.

16 환난을 위로와 소망의 재료로
고린도후서 1장 8~14절

> 바울은 자신이 겪은 환난을 덤덤히 전합니다. 그리고 그 환난이 어떻게 위로와 소망의 재료가 되었는지 설명합니다. 환난에 대한 바울의 깊은 통찰을 우리도 함께 나눌 수 있다면, 쉴 새 없이 찾아오는 고난도, 여전히 짊어진 연약함도 재해석 할 수 있습니다. 무엇보다 이 비밀을 가진 우리는 타인에 대한 거룩한 연민과 책임을 느끼게 됩니다. 비로소 '나'에게서 '너'로 시선이 옮아가는 것입니다. 나와 너의 연약함을 겸손히 나누며 함께 기댈 때, 우리는 그리스도 안에서 꽃 내음 나는 사랑의 공동체로 빚어지게 되는 것입니다.

우리 각자가 겪게 될 환난을 하나님과의 관계 안에서 해석할 힘을 지속적으로 강력하게 뿜어내는 공동체를 형성하는 게 우리들의 과제다. 그렇게 할 수 있을 때 우리는, 환난에 짓눌리지 않을 때만 맛볼 수 있는, 부활의 위대한 경험을 간직하고, 또 소망할 수 있게 될 거다.

환난을 위로와 소망의 재료로 바꾸는 공동체는 기꺼이 또 겸손히 서로에게 기대는 속성을 가진다. **서로가 서로에게 기대는 기도가 하나님이 우리를 당신의 일에 초대하는 방식이라는 걸 믿는 거다.** 우리는 서로에게 기꺼이 자신의 연약함을 나눌 때만, 서로에게 겸손히 기대어 마음을 실어 기도하는 공동체를 이루게 된다.

17 혼자만 잘 살믄 무슨 재민겨?

전도서 4장 1~16절

> 우리는 자신의 어떠함과 상관없이 한결같이 마음을 기댈 수 있는 사람이 필요합니다. 그리스도의 사랑이, 서로 기대는 겸손하고 연약한 그 몸짓을 통해 흐르고 흘러 들어와 우리 안에 새겨지기 때문입니다. '삶이란 누군가에게 정성을 쏟는 일'이라는 시인의 말처럼, 신자의 여정도 우리의 존재가 함께 기대어 꽃내음 나는 몸으로 부름을 받았음을 기억하고 살아내는 과정입니다.

사람이 남지 않는 인생, 뭔가 북적북적한 것 같긴 한데, 진실로 내 마음의 모든 것을, 있는 그대로 나눌 만한 사람을 찾을 수 없다면, 그 인생이야말로 헛되다고 해야 하지 않겠는가.

우리가 허무의 공격으로 삶의 터전인 믿음, 소망, 사랑을 잃지 않으려면, 먹고 마시는 것과 일하는 것 곧 매일 찾아오는 일상을, 익숙함을 넘어 하나님과 함께하는 영원한 신비로 맞이하여 살아내는 게 중요하다. 다가오는 매사를 그 일과 관련된 나의 유/불리함을 기준으로 살피기보다, 매사가 영원하신 하나님의 때에 맞게 진행되게 하려면 어떻게 응답해야 하는지를 생각하고 힘써 따르는 게 중요한 거다. 나아가 나에게까지 흘러온 생명의 기쁨과 삶의 열매들이 나를 통해 가족이나 타인의 삶에 자연스럽게 스며들도록 하는 것이 진정으로 선한 일이라는 걸 잊지 않고 마음을 쓰는 게 필요하다.

결국 어떤 결과에 도달했느냐, 무엇을 성취했느냐, 어떤 업적을 남겼느냐가 아니라, **누구와 함께 어떤 길을 걷고 있느냐 하는 거라는 일상의 진실이다.** 마음을 터놓고 소통할 수 있는 사람, 함께 뜻을 품고 같은 일을 추구할 수 있는 사람, 서로에게 몸과 마음을 내어주어 서로를 일으켜 주는 사람, 함께 누워 추위를 이기게 해 줄 사람, 시험과 시련과 전쟁에 함께 연대하여 맞설 수 있는 사람이 있느냐는 거다. 나의 일상이 그들과 함께하려는 일상이냐는 거다. 먹고 마시고 일하는 나의 일상에 담긴 영원적 차원의 기쁨을 발견하면서, 그 기쁨을 그들과 공유하는 방식으로 살고자 하느냐는 거다.

4부

튀워 흩어지다

회복될 그 날을 내다보며

Expecting the Day
We're Restored to Him

1. 회복의 증인으로
2. 질문하는 자, 질문하게 하는 자
3. 다 이루었다 그 이후
4. 하나님의 선교와 우리의 순종
5. 태도의 복음
6. 지금 당신의 왕은 누구인가?
7. 광장의 복음
8. 채무자 기억을, 확인하고 소환하고 요청하다
9. 공멸의 복음 공생의 복음
10. 환대와 적대 사이, 여전한 기억과 섬김으로
11. 무엇을 자랑하려는가
12. 빛으로 빛 되어 빛 전하는
13. 작은 일, 큰 역사

1 회복의 증인으로

사도행전 1장 1~11절

> 하나님 나라의 회복이 신자들을 통해 펼쳐집니다. 예수님께서는 이 위대한 여정을 신자 모두와 함께하시려고 승천하시어 성령을 보내셨습니다. 마침내 성령이 오셔서 신자가 겪어내는 모든 기쁨과 혹독한 고독, 그리고 혼돈의 시간을 함께하십니다. 회복의 증인으로 신자가 머무는 모든 곳에서 하나님의 질서가 세워집니다. 약속대로 오신 성령은, 세상 끝 날까지 이 일을 그의 사랑하는 사람들과 함께 이루실 것입니다.

이 위대한 회복의 사역을 수행할 자들은 바로 성령에 사로잡힌, 예수의 증인들이었다. 성령을 따르는 사람, 자기중심적 욕망, 인정 욕구 곧 자랑, 안전 욕구 곧 움켜쥠, 통제 욕구를 멀리하는 자들이다. 대신 십자가를 통해 깨닫게 된, 절대적 믿음과 내어주는 사랑이, 세상을 살리는 질서라는 진실에 눈 뜬 자들이다. 그 진실에 자신을 던져도 아까울 게 없어진 자들이다.

그들이 가는 곳에서는 회복이 일어난다. 모든 게 본래의 자리로 돌아가는 회복, 한쪽으로 쏠리거나 고여서 썩거나 패거리를 만들지 않는 회복. 자기들만의 천국을 만들지 않고 함께 세워지는 회복. 무엇이 있고 없음에 매이지 않는 회복. 무엇을 이루었고 이루지 못했는가 하는 피상적인 결과에 좌우되지 않는 회복. 오직 사랑으로 충만한 자유를 만끽하는 회복. 은혜로 평안한 회복. 모든 상황과 조건을 이기는 믿음으로 샬롬을 누리는 회복. 내 평안을 너에게 기꺼이 공유하고, 그 평안이 흘러 공동체 전체에 만족과 자유로 이어지는 회복. 이런 회복이 임하는 거다.

우린 우리의 내일을 걱정할 필요가 없다. 지금 우리가 여기에 있기 때문이다. 지금 우리가 여기 예배의 자리에 있다는 건, 우리에 대한 주님의 이끄심이 틀리지 않았다는 증거이고, 그건 우리의 내일을 그렇게 인도하실 거라는 약속이고, 그렇게 인도하시는 주님이 지금 우리를 향해 달려오고 계시다는 증거다. 우리가 참으로 그 믿음으로 살아간다면, 우린 어느새 회복된 증인으로, 누군가를 회복시키는 회복의 증인이 될 것이다.

2 질문하는 자, 질문하게 하는 자

사도행전 2장 1-13절

> 약속대로 성령이 오셨습니다. 홀연히, 급하고 강한 바람 같은 소리로, 불의 혀처럼 갈라져 각 사람 위에 임하셨습니다. 약속을 기다리는 제자들의 간절함과 신뢰 위에, 누구도 예측할 수 없는 방법으로, 모두의 마음을 회복시키는 은혜로, 하나님의 큰 일을 깨닫게 하시는 확신으로 오신 것입니다. 이처럼 성령은 영원히 각각의 신자에게 임하여, 그의 인격과 성품, 눈빛과 언어를 새롭게 창조하십니다. 그들을 질문하게 하는 이들로 변화시킨 것입니다.

욕망이나 영웅심이 아니라, 하나님의 감동과 예수님의 말씀에 이끌리고 있다면, 표면적인 행동에 관한 판단은 잠시 유보될 수 있고, 한심하고 무능하게 보이던 모습은 곧 질문하고 싶어지는 놀라운 모습으로 바뀐다. **욕망과 영웅심은 결과가 어떻든 곧 파괴적인 열매로 이어지고, 주님의 말씀은 반드시 선한 열매를 맺게 마련이다.**

성령을 통해 변화되는 인격, 십자가 사랑이라는 정점을 향해 달려가는 모든 성품, 그 성품에 의한 행동들이, 우리 얼굴과 눈빛과 손발로 표현되는 언어다. 곧 얼굴과 태도와 삶으로 전해지는 사랑이다. 누구나 알아들을 수 있는 가장 새롭고 신선한 언어다. 십자가 사랑에 더 근접할수록 더 큰 놀라움으로 질문하게 만드는 놀랍고 신선한 언어다.

교회는 처음부터, 세상이 질문하게 하는 신자들을 탄생시키는 방식으로 시작됐던 거다.

3 다 이루었다 그 이후

요한복음 19장 28~42절

> 예수님은 자신 안에서 모든 약속이 성취되도록 죽음을 향해 가는 모든 순간 말씀에 집중하셨습니다. 정신이 혼미하고 육체가 으스러지는 순간에도, 아버지와 끊어져 홀로 남겨진 어둠의 시간에도, 끝내 순종하셨습니다. 주님의 '다 이루었다'라는 외침 안에 담긴 마음이 헤아려 집니다. 이제 세워질 새로운 몸들의 여정 속에 바로 이 생명의 흔적, 곧 말씀을 새기셨다는 의미일 것입니다. 생명의 성령의 법, 예수의 복음을 따라 신실하게 말씀에 이끌리는 신자의 여정을 꿈꾸고 계셨던 것입니다. 누군가의 여정과 또 다른 여정이 연결되어, 계속해서 사랑을 실어 나르는 몸들의 연대를 소망하고 계셨던 것입니다.

하나님 자신의 자기 죽음으로 우리의 허물을 대신하시는 희생적 사랑은, 그 사랑을 깨닫는 모든 존재와 관계들을, 분열을 치료하여 샬롬으로 충만한 제자리로 돌아가게 하신다. 예수님은 그 큰 구조를 세우셨고, 이제는 예수님을 따라, 예수님 사랑의 법을 좇아 철저하게 말씀을 따르려는 우리를 통해 남은 모든 일들을 이루어가고자 하신다.

다 만들어 안겨주심으로 우리를 생명 없는 인형으로 대하시는 대신, 우리가 고난과 희생의 계곡과 강물을 통과하면서 하나님과 동역하는 동안, 예수님의 장성한 분량에까지 자라게 하시려는 거다.

말씀을 따르는 힘은 어디에서 오는가? **답은 오직 사랑뿐이다.** 우리를 변화시켜 여기에 있게 한 사랑, 엄청난 시련과 고통을 넘어 여전히 하나님 앞에 있게 한 그 사랑이 우리를 감싸고 있고, 그 사랑이 여전히 우리 존재 안에서 빛나고 있다는 사실을, 내 느낌이나 감정이 아니라, 하나님의 약속의 말씀에 근거해서 받아들여야 한다.

우리는 우리를 위해 낭비하고 허비한 하나님의 사랑, 우리를 위한 눈먼 그 사랑을 제대로 기억할 때만, 말씀을 따를 힘을 얻을 수 있다. 사랑은 굉장한 분별력이 있어야 하는 것이지만, 동시에 그것이 쏟아져 나가려면 어느 정도는 눈이 멀어야 한다.

진정한 사랑은 각오하게 한다. 대가를 치르게 한다. 두렵더라도, 두려움을 뚫고 더 이상 숨기지 않으리라고 결심하게 만든다.

4 하나님의 선교와 우리의 순종
사도행전 10장 1~48절

> 신자는 적극적으로 하나님께 인도하심을 받는 자입니다.
> 예측하고 판단하는 것을 겸손히 멈추고, 거대한 하나님의
> 서사 안에 치열하게 뛰어드는 자들입니다. 하나님은 모든
> 것을 내어 맡기는 신자의 겸손한 의존을 통해 일하시고,
> 수서 없이 순종하는 치열함이 감사의 찬양이 되게
> 하십니다. 무엇보다 신자는 하나님이 주권적으로 펼쳐
> 가시는 놀라운 회복의 역사를 가장 가까이서 달콤하게
> 맛보는 특권을 누리게 되는 것입니다.

하나님은 처음부터 총체적 통합적으로 사역하신다. 이때 모든 일꾼의 기본 태도는 '수동적 적극성'이다. 하나님의 마음과 뜻이, 우리의 겸손한 기다림과 주저하지 않는 순종을 통해 이루어지기 때문이다.

어쩌면 우리는 멋모르고 순종하는 거다. 하지만 하나님은 우리가 헤아릴 수 없는 큰 그림 속에서 우릴 이끄신다. 따라서, 우리 순종의 여정은 우리가 모르기에 답답한 게 아니라, 하나님이 아시므로 설레는 여정이다. 일단 믿음으로 따라가면 거기에 뭐가 있다는 것을 알게 된다. 하지만 그게 최종적인 그림인 것도 아니다. 하나님의 그림은 계속해서 더 넓게 더 풍성하게 더 아름답게 확장되어 간다.

5 태도의 복음
사도행전 11장 1~30절

> 복음은 신자의 인격 위에 실려 보내지는 편지와 같습니다. 성령은 신자를 통해 바로 이 인격적인 생명의 연결을 의도하십니다. 복음이 전해지는 것이 무엇보다 핵심적인 사역이지만, 성령은 이 과정에서 사람과 사람을 연결하시고, 그들을 차이와 경계를 십자가로 허물고 넘어서는 신자로 빚어 가십니다. 그러므로 복음 사역은 전하는 자와 전달받는 이 모두가 수혜자가 되게 하는 성령의 사역입니다. 복음을 전하는 신자가 언제나 겸손할 수 있는 이유가 바로 여기에 있는 것입니다.

복음의 내용이 결정적으로 중요하지만, 전하는 태도도 몹시 중요하다. 복음을 어떤 논리로 풀어가느냐 하는 것만큼이나, 어떤 태도로 풀어가느냐가 중요하다. **복음을 전하는 태도가 복음적이어야 한다.**

사랑과 신뢰의 바다로 초대받은 신자들도 종종, 자기가 고수해 왔던 생각이나 방식이 거절당하고 무시당하는 것처럼 느껴질 때, 의심과 두려움과 서운함의 희생양이 된다.

우리는, 의도적으로 익숙함보다는 진정성을 추구해야 한다. 그러려면 나에게 익숙하지 않은 것, 내 생각과 다른 것에 대해서도 경청하고, 나에게 익숙한 것도 하나님 말씀에 비추어 언제든 조정될 수 있는 것으로 바라보는 태도, 곧 태도의 복음이 필요하다. 곧 하나님만 옳으시면 된다는 확신이다. 그렇게 되면 입 보다 귀가 먼저 열린다.

복음적으로 건강한 신자나 교회는 스스로 의식하기 전에 타인들이 먼저 알아본다. 기꺼이 십자가를 지려는 행동이 그들의 특징이다.

6 지금 당신의 왕은 누구인가?
사도행전 12장 1~25절

> 진정으로 세상을 변화시키는 유일한 힘은, 하나님의 말씀입니다. 그러나 이 말씀이 하는 일은, 언제나 어느 정도 감춰진 신비 같습니다. 그러나 이 신비는 '불확실성'이기 보다는, 오히려 완전히 선하고 옳으신 하나님을 향한 깊은 신뢰를 빚어내는 선물과 같습니다. 왜냐하면 우리의 경험적 확신과 무엇이든 예측하려는 그릇된 통제력이, 말씀을 겸손히 신뢰하며 따르는 신자의 아름다운 여정을 어긋나게 하기 때문입니다. 신자는 변함없이 사랑의 말씀으로 통치하시는 하나님의 역사에 조금씩 설득되어 가는 과정 중에, 말씀의 사람으로 아름답게 빚어집니다.

우리에게 중요한 건, 기도에 실리는 믿음을 더 강하게 키우려는 의지와 결단이 아니라, 그 정도 수준의 기도에도 기꺼이 응답하시는 하나님이 늘 우리와 함께하신다는 사실에 감동하며 따르는 거다.

세상은 예수님을 언제든지 만날 수 있는 낮은 자리를 피해 높은 자리를 추앙하느라 스스로 피폐해지는 중이다.

그런 막강한 힘이 세계 역사의 판도를 바꾼 적은 없다. 오히려 지극히 겸손한 방식으로 세계 역사에 개입하시는 하나님을 따르느라 쫓기고 상처 입는 신자들의 대범한 신뢰와 위대한 사랑의 행동을 통해, 눈에 띄지 않는 겨자씨가 사부작사부작 자라듯 역사의 판도는 그렇게 바뀌어 왔다.

어린아이에게도 밟혀 죽을 벌레가 왕을 먹는다. 그게 스스로 신인 척하는 인생들의 본질이다. **세상 끝 날까지 사람을 살리고 가정을 지키고, 세상을 붙들고, 존재하는 모든 것들을 생명의 아름다움으로 인도하는 힘은, 오직 사람의 힘과 권력이 아니라 하나님의 말씀이다.**

7 광장의 복음
사도행전 17장 16~34절

> 하나님께서는 신자들이 복음을 전하는 것만큼, '잘 가
> 닿도록' 전하는 일에 마음을 쏟기를 원하십니다. 자신을
> 상대화시킬 줄 아는 겸손한 신자에게는, 듣는 이의 수용을
> 고려한 사려 깊은 언어가 나타납니다. 무엇보다 신자 안에
> 넉넉히 흐르는 그리스도의 사랑은, 두려움을 너그럽게
> 잠재웁니다. 복음이 전해지는 모든 상황과 형편, 그리고
> 수용자의 마음을 세심하게 돌보시는 하나님의 옳으심을
> 전적으로 확신하기 때문입니다. 눈에 보이는 성취가
> 없어도, 원하는 방식이 아니어도 괜찮습니다. 성령께서
> 가장 정확한 때에 가장 탁월한 방식으로 쉼 없이 하나님의
> 큰 일을 이루고 계심이 분명하기 때문입니다.

타종교를 혐오하면서 유치한 적대감을 드러내는 걸 하나님에 대한 충성이라 여기는 건 복음이 아니라, 자기 신념 숭배 사이비 종교일 뿐이다. 예수님이 죽으신 의미를 헤아릴 생각이 없는 거다.

바울이 격분했던 건, 우상도 우상 숭배자들도 아닌 우상으로 가득한 세상의 현실이었다. 무의미한 것들이 중대한 의미들을 삼켜버린 세상, 거짓이 진실을 쫓아낸 세상, 하나님이 주신 자유와 기쁨을 누려야 할 인생들이 참 자유와 기쁨을 박탈당한 채 거짓에 사로잡힌 채 살아가는 세상에 대한 격분이었던 거다.

우리는 과정을 중히 보시는 하나님을 섬긴다. 태도와 성품이 변화해 가는 과정이 곧 열매다.

예수님을 믿는다는 건 두려움의 종교에서 확고히 벗어난다는 뜻이다.

당장의 결과에 너무 쉽게 연연해하곤 하는 우리는, 매우 의도적으로, 하나님의 더 길고 더 영원한 안목으로 우리의 오늘을 바라보는 시간을 가져야 하겠다.

8   채무자 기억을, 확인하고 소환하고 요청하다
사도행전 26장 1~37절

스스로는 결코 구원에 이르는 어떠한 의도 마련할 수 없음을 자각한 순간, 곧 존재가 완전히 부정되는 처참한 순간이며, 동시에 도무지 도달할 길 없었던 생명이 통째로 내 안에 들어온 은혜의 시간을 기억해야 합니다. '행복한 채무자'의 정체성을 얻은 바로 그 순간을 자꾸만 떠올려야 합니다. 겸손한 사랑으로 우리에게 사랑의 멍에를 허락하신 예수를 자꾸만 묵상해야 합니다. 빚 갚으며 소진되는 노역이 아니라, 자꾸만 부요하게 채워지는 순종임을 깨닫게 되어야 합니다. 손해 보는 것 같아도, 밀려나는 것 같아도, 지는 것 같아도, 낮아지는 길이라도 괜찮습니다. 점점 더 예수의 사랑이 진짜라는 것을 확신하며 두둑한 여유로 더욱 즐거이 그 길을 걸어갈 것이기 때문입니다.

괴롭지 않으려고 빚 갚는 자가 아니라, 더 행복해지려고 빚 갚는 자가 되는 거다.

싸해지는 시간이 다시 찾아와도 이미 이긴 자의 길을 걷게 된다. 더 옳은 선택으로, 불안을 행복으로 잠재우면서 걷는 길을 가기 시작한 거다. 스스로 채무자가 되셔서 사랑을 쏟아부으신 하나님께, 행복한 채무자가 될 때만 가능한 이야기다.

행복한 채무자가 하는 일은 못 보는 자의 눈을 뜨게 하는 일이다. 어둠에 갇힌 자를 빛으로 인도하는 일이다. 찰나적 기쁨으로 농락하고 파괴하는 사탄의 권세를 거둬내고, 고난 중에도 빛나게 하시는 하나님께로 돌이키게 하는 일이다. 무지한 힘으로 서로를 파괴하던 인생에서 돌이켜, 영원히 사라지지 않을 영광을 얻게 하는 일이다.

9 공멸의 복음 공생의 복음
사도행전 27장 1~44절

> 의심과 두려움으로 작동되는 헛된 자기 확신은, 제어할 수 없는 위기를 만날 때 모두를 고립시키고 파멸을 향해 나아갑니다. '공멸의 복음'에 사로잡힌 증거입니다. 그러나 하나님을 향해 겸손히 묻고 대답하는 신자는, 어떤 상황에서도 모두를 살리는 '공생의 복음'의 통로가 됩니다. 이처럼 하나님의 마음과 포개어진 신자의 말은, 어둠 속에 갇힌 이들의 마음을 밝히는 하나님의 위로가 되는 것입니다.

나와 너와 우리 그리고 만물이 함께 사는 공생이어야 구원이다. 넌 어떻게 되든 난 살아야겠다며 내달리거나, 모두를 틀렸다 매도하면서 내 주장만 고집하거나, 모든 삶을 지탱하는 만물을 착취하려고만 한다면 그건 구원이 아니라 공멸의 길이다.

모두가 알면서도 웬만하면 지키지 않는 기본과 상식에 성실한 사람으로, 하나님과 통하는 자가 리더다.

신자는 죽음 같은 현실에서, 자기 때문에 모두를 죽이거나 자기만 살려 하는 길을 버리고, 그 고된 현실을 함께 겪어내면서 결국 너를 살리는 방식으로 나도 함께 살게 되는 희망의 빛이다.

10 환대와 적대 사이, 여전한 기억과 섬김으로

사도행전 28장 1~31절

> 신자의 여정에서 중요한 것은, '얼마나 길이 평탄한가'가 아니라 '어떤 기억을 안고 걷고 있는가'입니다.
> 푸른 잔디가 펼쳐진 드넓은 평원과 같은 환대를 만나기도 하고, 또 끝도 없이 곤두박질치는 계곡과 같은 적대를 만나기도 합니다. 우쭐거리거나 낙담하지 않을 수 있는 이유는, 여진하신 말씀 앞에 나를 세우는 일일 것입니다. 예수의 여정과 예수를 따라 걸었던 숱한 신자들의 여정을 기억할 수 있다면, 우리는 기꺼이 환대와 적대 사이에서 사랑으로 존재할 수 있을 것입니다.

환대에 대한 기쁨보다 중요한 건 환대를 통해 하나님의 약속을 기억하는 거였다. 내 의지가 만들어내는 자신감이 아니라, 하나님이 함께하신다는 확신이 주는 담대한 마음은 평안의 얼굴을 가졌다. 안 돼도 괜찮다는 확신이 받쳐주는 담대함이다. 하나님은 반드시 옳은 일을 행하실 거라는 게 믿어지는 담대함이다. 이때 자유와 평안과 강렬한 새 힘을 동시에 느끼게 된다.

우리의 사도행전은 새로운 창작이 아니라 이렇게 계속해서 이어가는 여정일 뿐이다. **우리 자신에 대한 환대와 적대 사이를 아슬아슬하게 걸어가되, 약속에 대한 선명한 기억과 그 기억에 근거한 섬김으로 걸어가는 여정인 거다.**

11 무엇을 자랑하려는가

고린도전서 1장 18~31절

> 때때로 하나님께서 우리가 자신의 어떠함을 자랑하려고 하는 시도를 막으시는 이유는, 그것이 사는 길이 아니기 때문입니다. 만약 하나님의 통치 아래에서 언제든지 아스라이 사라질 수 있는 것들이 신자의 자랑이 된다면, 그것은 마치 죽음이 들끓는 멸망의 길로 향하는 것과 같습니다. 자랑 그 자체가 나쁜 것은 아니지만, 자랑할 것들이 그것을 허락하시는 하나님을 대신할 수는 없는 법입니다. 그러므로 오직 십자가만이 우리를 살게 하는 유일한 힘이며, 그러므로 자랑할 수 있는 유일한 소망입니다.

세상의 가장 완전한 보호자이신 하나님께서 보실 때, 십자가 복음 외에 사람이 제대로 갈 길과 살길을 보여주는 지혜자는 없었다.

하나님께서는 사람이 자신에게 속한 어떤 것들을 가지고 하나님 앞에서 자랑하는 것을 매우 싫어하신다. 그래서 그렇게 하지 못하게 막으신다. 사람은 별걸 다 가지고 자랑하고 싶어 한다. 자녀들의 작은 성취를 기뻐하는 부모의 자랑을 막으신다는 뜻은 아니다. 자신과 가족과 내가 속한 공동체를 정당하게 자랑스럽게 생각하는 걸 미워하신다는 뜻도 아닐 거다. 다만, 사람이 자기가 성취한 것이나, 가지게 된 것이나, 상당한 힘과 능력으로 장착했다고 스스로 만족할 만한 것을 가지고, 마치 하나님과 하나님만이 하실 수 있는 일을 대신할 수 있기라도 하듯 생각하는 것을 지극히 미워하신다는 거다.

하나님만이 주실 수 있는 것을 다른 것으로부터 얻으려 하고 또 얻을 수 있을 것처럼 생각하게 될 때, 그 다른 것이 바로 우상이고, 우상은 우리의 열정을 쏟게 하고, 자부심을 느끼게 하고, 무언가를 굳건하게 갖춘 듯 든든함을 느끼게 하는 쾌감을 주는 동시에, 우리를 서서히 옥죄고, 집착하게 하고, 자만하게 만들고, 우리 안에서 타인지향성을 파괴하고, 시간이 흐를수록 철저하게 자기중심적이 되게 하면서, 우리를 매우 효과적으로 지배하고 결국에는 파괴한다. 바로 그런 이유로 인해, 하나님은 아무 육체도 하나님 앞에서 자랑하지 못하게 하시는 거다.

12 빛으로 빛 되어 빛 전하는

고린도후서 4장 1~6절

> 자꾸만 넘어지게 하는 사람과 상황 앞에서 무력감을 느낍니다. 낙심할 만한 이유가 충분했다는 사실이 위로될 리 없습니다. 결국 버티고 딛고 일어날 힘이 우리에게는 없음이 분명하기에, 오히려 낙심하지 않을 이유를 찾는 것이 더욱 중요합니다. 바울은, 그에게 직분을 허락하신 주님과 그분이 베푸신 영원한 사랑과 용서를 기억했습니다. 복음의 빛이 회복의 유일한 능력임을 깨닫게 하는 성령의 역사입니다. 그러므로 바울은 낙심에서 끌려 올려져, 치열히 자신을 성찰하고, 더욱 단단하게 빚어질 수 있었습니다. 불신 가득한 평가와 모진 거절에도, 그리스도만 드러낼 수 있는 것입니다.

충분히 '낙심할 만한' 상황이었다. 그때 저항할 의지나, 다르게 해석할 힘이 없다면 낙심하는 게 당연하다. 하지만, **내 안에 이미, 낙심을 이길 이유가 있다는 걸 제대로 자각할 수 있다면, 낙심하지 않을 수도 있는 상황에서 굳이 낙심할 수밖에 없다고 생각했다는 걸 알게 된다.**

옛 언약의 일꾼이라면 평가하거나 평가받는 걸로 시달리겠지만, 새 언약의 일꾼이라면 직분의 신적 기원과 임한 긍휼 안에서 일하는 법을 배워가면 되는 거다. 하나님은 내 능력과 자격 때문이 아니라 당신의 은혜 때문에 부르셨고, 그래서 내가 아니라 하나님이 친히 행하신다는 걸 다시 자각하는 거다.

(이어서)

만일 하나님의 긍휼에 대한 자각으로 행하는 중이라면 우리는, 내가 욕망을 구하는 대신 진리를 드러내려 했는가에 대한 평가를, 자신의 기억이나 자기변명이 아니라, 하나님께 맡길 수 있게 된다. 하나님께 맡긴다는 건 역설적으로, 가족, 이웃, 동료들의 선한 양심에 맡긴다는 거다. '하나님 앞에서(코람데오)'라는 말은 지극히 자기중심적으로 남용될 수 있다. 따라서 그것의 객관성은 나를 둘러싼 사람들의 양심의 증언에서 찾아야 한다.

사탄의 최우선 과업은 우리 시선을 세상에 고정해, 우리 마음이 예수님을 주목할 수 없게 하는 거다. 이유는 예수님이 세상 너머를 보게 하여 세상을 이기며 참된 인생을 살게 하시는 비밀이기 때문이다. 곧 복음의 비밀, 복음의 광채 곧 하나님의 형상, 하나님의 아이콘이기 때문이다. 아이콘은 클릭하면 실체가 드러나게 하는 문이다. 예수님을 클릭하면 하나님이 보이고, 이 세상의 빤한 실체가 보이고, 세상 너머의 능력, 곧 위로부터 오신 능력으로 우리를 살리시는 하나님의 길이 보이고, 모든 가짜의 실체를 밝히는 진리가 보이고, 모든 죽음과 죽음의 친구들인 절망과 교만을 이길 생명이 보인다. 그러니, 세상의 신 사탄으로서는, 예수의 빛이 우리 마음을 비추지 못하도록 사력을 다할 수밖에 없는 거다.

(이어서)

바울은 혈기와 살기에 감싸여 그리스도인 소탕 작전 최전선에 섰을 때, 빛으로 오신 예수님을 만났다. 그리고, 원수를 자녀 삼으시는 위대한 복음의 빛이, 바울 자신의 모든 것을 새롭게 하고, 가는 모든 곳에서 새 창조를 이루는 걸 봤다. 그 빛이 지금 우리 마음에 비치는 중이다. 세상 신은 사람들 마음에 흑암과 혼돈과 공허를 채워 파멸의 길을 걷게 하지만, 하나님은 생명의 빛을 비추어 새 삶을 시작하는 새 창조를 이루신다.

예수님 얼굴에서 태초부터 지금까지 하나님이 옳으셨다는 진실, 곧 하나님 영광의 빛을 본다. 그 빛에 나를 맡기면 어느새 내 안과 삶에서 새 창조가 시작된다. 혼돈 공허 암흑의 시간에도 낙심으로 주저앉지 않는다. 얽힌 현실의 늪에서도 카이오스(혼돈)를 코스모스(질서)로 바꾸시는 고요하고 확고한 힘을 누린다. 텅 빈 공허와 막막한 불안에서도 다시 시작할 수 있다.

우리는 빛이신 주님을 통해 빛 되어 빛 비추는 삶으로 부름을 받았다. 빛을 비추는 내가 아니라, 나를 통해 비치는 빛을 통해 누군가가 변하는 중이고 또 변하게 될 거다. 이토록 빛바래지 않을 영광스러운 삶을 과연 어디에서 발견할 수 있을까?

13 작은 일, 큰 역사
고린도후서 9장 8~15절

> 하나님께서는 신자가 주의 길을 따라 한 걸음을 내딛는 '고작' 그 작은 일을 통해, 창조주의 큰 일을 이루십니다. 하나님이 이루시는 거대한 역사에 비하면, 고집과 자존심을 내려놓고, 소유와 시간을 내어놓는 일은 그저 작은 순종에 불과합니다. 심지어 이것은 잃거나 소진되는 것이 아니라, 오히려 예수께 제대로 뛰어들어 봄으로써 생성되는 견실한 영적 근육을 얻는 일입니다. 신실하게 '작은 일'을 하나님께 드리며 이 여정에서 이탈하지 않는다면, 신자는 점점 더 하나님의 시선을 소유하게 되고, 하나님이 이루시는 거대한 역사 한복판에서 그것을 목도하고 누리는 황홀함을 선물로 얻게 될 것입니다.

하나님의 뜻을 따라 순종한다는 건, 내 안에 있는 어떤 걸 내려놓거나 떠나 보낸다는 뜻이다. 하나님이 내 안에 커지시면, 움켜쥐려는 욕심, 현실에 대한 두려움을 내려놓게 된다. 그런데 그때 내가 가졌던 힘, 나에게 머물러 있던 돈, 나에게 머물러 있던 생각이 나로부터 떠났기 때문에만 이룰 수 있는 위대한 일들이 이루어지기 시작하는 거다. 그것들이 내 안에 머물러 있을 때는 절대로 할 수 없었을 위대한 일들이, 그것들이 나로부터 떠났기 때문에 이루어지는 걸 보게 되는 거다.

의의 열매란, 하나님의 옳으심에 뛰어든 내가 옳았다는 증거들이 쌓이는 거다.

하나님이 주신 것을 하나님의 뜻을 따라 다시 내보내는 일은, 하나님과의 아름다운 동역, 신적 행동의 연장이다. 그 일은 작은 일이냐 큰 일이냐의 문제가 아니다. 크신 하나님이 원하시고 이끄시는 일이냐만 중요하다. 하나님은 그 일을 통해 우리가 생각하지 못했던 아름다운 일들을 계속해서 펼쳐가시고, 온 땅에서 하나님이 지휘하시는 오케스트라 연주가 아름답게 흐르게 하실 것이다. 우리는 그 일에 함께 참여하는 중이고, 행복하게 기쁨과 감사로 참여해도 된다는 하나님의 너그러운 초청을 매일 받고 있다.

5부 다시 떨어지며 튀우기를 소망하다

반복하는 아름다움에 관하여

Beauty Regained

1. 겸손해도 되는 날들 '하루씩' 살기
2. 돈 맛을 넘어, 봐야 할 맛
3. 마지막 때의 시선으로 오늘을 살기
4. 변화시키는 변혁자의 조건
5. 나를 움직이는 힘에 관한 성찰
6. 거의 전부인 반 발짝
7. 전사와 농부
8. 누구나 그럴싸한 계획을 가진다. 처맞기 전까지는
9. 복음의 길, 고민과 분투의 아름다운 길
10. 사랑, 그 깊은 얼굴에 대하여
11. 은사의 얼굴, 품위와 질서
12. 수난을 이기는 신실함의 뿌리에 감싸여
13. 그럴 수 있다면
14. 믿을 수 있는 사람의 복음적 조건
15. 신자의 무기

1 겸손해도 되는 날들 '하루씩' 살기
이사야 22장 1~25절

> 우리의 매일이 날마다 하나님으로부터 주어진 새로운 오늘임을 각성할 수 있다면 참 좋겠습니다. 한낱 숨결에 불과한 것들로 우쭐하거나 실망하지 않을 수 있다면 참 좋겠습니다. 무지의 늪에서 나와 참 빛 앞에 자신과 세상을 비추어 볼 수 있는 은혜를 날마다 구하면 참 좋겠습니다. 이처럼 신자는 인생에는 결코 의지할 어떠함도 있지 않았음을 아는 자들입니다. 그래서 참 통치자, 유일한 하나님께 모든 것을 겸손히 내어 맡기는 자들입니다. 왜냐하면 그리스도가 이미 완전한 사랑으로 신자의 모든 삶을 감싸고 있고, 그와 함께 신실하게 동행하는 길에 완전한 자유와 안전이 있다는 진실을 신뢰하기 때문입니다.

우리는 놀랍도록 끈질기게 교만하다. 교만이라는 게, '난 교만하지 않다'고 생각하는 방식으로 숨어있기 때문일 거다.

교만의 끝은 초라하다. 하나님만이 살길이라는 걸 안다고 하면서도, 하나님을 자기 필요를 위한 도구로만 사용하려는 악한 습관의 반복에 주님은 슬퍼하신다.

거짓과 속임의 뿌리는 교만이다. 하나님께 못 맡기겠다는 자기 신뢰 때문인 것이다.

사람은 사람이다. 한결같이 신실할 수 있는 존재가 아니다. 세월 가면서 익숙해지고 나이 들고 상황이 바뀌면 변질의 곰팡이가 낀다.

하나님이 죽음에서 영원히 일으키셔서, 우리와 영원히 늘 함께하시는 예수와 더불어, 매일 하루를 새롭게 사는 법을 배우는 길뿐이다.

2 돈 맛을 넘어, 봐야 할 맛

이사야 23장 1~23절

> 물질 안에 교묘히 작동하는 비 복음적 방식을 간파할 수
> 있어야, 그리고 그것을 통제할 수 있는 능력이 우리에겐
> 없다는 사실을 인정할 수 있어야, 우리는 '돈맛을 넘어'
> 참된 가치에 눈 뜰 수 있게 됩니다. 화려함과 안락함도,
> 물질에 기대어 존재를 부풀리려는 교만함도 결국은
> 무너지겠지만, 보다 근본적으로는 자기 배를 불리는 일에만
> 몰두한 나머지 이웃과 세상을 뜯어 먹는 탐욕스러움이
> 심판을 받게 될 것입니다. 신자는 악인의 형통함을
> 열망하지 않아야 합니다. 잠시 반짝이는 것들 너머에
> 영원히 찬란한 주님의 현존을 향해 눈을 들어야 합니다.
> 무엇보다 주어진 것들을 통해 이웃과 세상과 더불어 사는
> 일을 도모해야 합니다. 주님이 끝내 우리에게 가르쳐
> 주시려는 참된 부요함과 넉넉함이 바로 거기에 있기
> 때문입니다.

돈의 힘이 만만치 않다는 건 잊지 말아야 한다. 돈은 우리가 얼마든지 통제할 수 있을 것처럼 생각하게 하는 방식으로 우리를 통제할 수 있다.

하나님이 원하시는 건 오직 나를 통해 내 주변 사람들이 진짜로 살아나는 거다. 그러나 나를 지나 예수께로 가야 하고 그걸 보는 게 내 기쁨이어야 한다. 그게 우리에게 맡기신 돈, 재능, 지식, 경험 그 모든 것의 가장 합당한 기능인 거다.

3 마지막 때의 시선으로 오늘을 살기
이사야 24장 1~23절

> 죄와 탐욕은 끊임없이 이 땅에서 하나님의 현존을 지워버리려 합니다. 은총 없는 척박한 땅, 하나님은 당신의 세계에 생명을 다시 일으키기 위해 허무는 일을 먼저 준비하십니다. 파멸과 종말이 있고 난 후에 새 창조와 완성이 있을 것입니다. 마치 그리스도께서 십자가 위에서 자신의 몸을 다 허물어 무덤에 심고, 영원한 생명을 일으키신 것처럼 말입니다. 그러므로 선지자는 반드시 있을 그날을, 마침내 모든 것을 완성하실 통치자가 계심을, 기억하라고 말합니다. 곧 하나님과의 바른 관계 안으로 들어올 것을 촉구하는 것입니다.

아브라함에게 하늘의 별을 보라 하신 하나님은 어떤 땐 광활한 우주를 품게 하신다. 오늘은 우리에게 온 땅에 대한 미래의 심판을 마음에 담으라 하신다. 그 시선이 오늘 내 마음과 태도에 연결되기를 기대하시는 거다.

살 수 있는 유일한 출발선은 자기가 누군지를 제대로 알고, 그래서 과연 어떤 동기에서 어떤 힘으로 시작하고 움직여야 하는지를 바르게 깨우쳐 그 위에 서는 것뿐이다.

우리는 우리가 서야 하는 자리를 절대 잊지 말아야 한다. 하나님 앞에 서야 한다. **하나님 앞에 선다는 건, 우리가 제한당한다는 뜻이 아니라 창조자의 시선으로 무한히 확장한다는 뜻이다.**

4   변화시키는 변혁자의 조건
사도행전 13장 13~52절

> "변혁자는 뭘 대단히 유능하게 해내는 사람이 아니라,
> 하나님의 일을 사실 그대로 살고 전하는 자"입니다.
> 그러기 위해서는 은혜 주신 분과 그분 앞에서 내 존재에
> 대한 바른 자각이 필요합니다. 하나님께 의탁하는 것, 곧
> 더 깊은 강함을 깨달은 것입니다. 그러기에 존재를 부풀릴
> 필요가 없습니다. 때로는 기꺼이 밀려나거나 부정당해도
> 괜찮습니다. 오직 말씀 앞에서 끊임없이 성찰하며, 깨딛게
> 하시는 도전에 담대히 순종하는 것뿐입니다. 승리자만
> 누릴 수 있는 거뜬함과 넉넉함이 있습니다.

열매란 상황의 변화가 아니라 존재의 변화여야 한다. 모든 종류의 상황을 이기고 진실로 예수와 함께 할 수 있는 존재, 있어도 기꺼이 버릴 수 있고, 없어도 초라해지지 않는 존재로 변하는 게 참 열매다.

말씀을 제대로 따르면, 시기, 질투, 비방, 박해 따위는 별것도 아니다. 세상이 감당할 수 없는 존재가 되어 세상을 이롭게 하면서도 세상의 기준을 뛰어넘어 새 길을 연다. 그게 변화시키는 변혁자의 조건이다.

변혁자는 뭘 대단히 유능하게 해내는 사람이 아니라, 하나님의 일을 사실 그대로 살고 전하는 자다. 항상 하나님의 은혜 위에서 생각하고, 여전히 임하고 있는 은혜의 관점에서 판단하고 행동하는 자다. 어떻게든 자신이 해내려 하기보다, 하나님께서 하시도록 맡겨 드리는 자다.

5 나를 움직이는 힘에 관한 성찰

사도행전 19장 21~41절

> 가만히 서서 묻고, 듣고, 대답하는 과감한 멈춤의 시간이 신자에게 필요합니다. 이는 '어떤 소리에 귀 기울이며, 인도함을 받는가?'에 관한 것입니다. 오직 복음이 선사하는 거룩한 고요 속에 머물지 않으면, 온통 시끄러운 세상의 소리와 내면의 욕망에 이끌리게 되어 있습니다. 신자는 주의 약속의 소리를 듣는 자들입니다. 약속을 보장하시는 이가 주님이시기에, 결국 주님의 신실하심과 옳음을 따르는 자들입니다.

싸움은 자신과의 싸움과, 진리와의 싸움으로 갈라진다. 영석 각성이 일어나면, 자기 삶이 그토록 곤고했던 이유가 바로 그 진리를 피하거나 대적했기 때문이라는 사실을 자각하면서 자신과 싸운다. 하지만 불안하고 두려운 원인은 분명 자기 욕망 때문인 게 분명한데도, 짐짓 전해지는 가르침 때문에 손해 본다고 생각하는 자는 진리와 싸운다. 심지어 강한 적개심을 느끼면서 어떻게든 치워버리고 싶어 한다.

성숙한 신자들에게 가장 필요한 건, 가만히 주님 뜻을 살펴보는 거다. 이게 과연 나 같이 구제받을 길 없는 죄인을 상대하신 예수께서 가신 길에 맞는 건지, 과연 칼과 힘과 영향력과 세력화의 힘을 모으려 하는 대신, 십자가와 죽음과 부활의 능력으로 세상을 바꾸려 하신 주님께서 허락하시고 이끄시는 길이 맞는지. 묻고 또 물어야만 하는 거다.

내 마음을 움직이고 있는 힘이, 예수의 승리와 그의 약속 위에 서 있는 믿음의 힘인지, 아니면 막연하고 어정쩡한 마음에서 촉발하는 두려움과 불안과 염려와 의심의 힘인지 깊이 들여다보자.

6 거의 전부인 반 발짝

사도행전 21장 17절~22장 29절

> 믿음의 한 발 내딛는 것은, 성패의 예측 가능성에 관한 것이 아니라, '가라' 하신 분에 대한 신뢰에 관한 것입니다. 홀로 걷는 길이 아니라 앞서 걷고 계신 예수님의 발뒤꿈치를 보고 따라 걷는 여정인 것입니다. 강한 자기 확신으로 보폭을 늘이거나 속도를 올리고 싶을 때도, 여정의 끝을 점치고 싶은 불안감이 엄습해 한 걸음도 내딛기 어려울 때도, 흔들림 없이 여정의 주권을 예수께 맡겨드리는 것입니다. 그렇게 신자는 아버지의 뜻을 이루기 위해 성실히 반 발짝을 내디뎌 가신 예수님과 점점 더 포개어집니다. 예수와 동행하며 그를 담고 닮는 기쁨의 여정을 누리게 되는 것입니다.

언제 어떻게 이루실지 모르므로 가만히 있기보다는 반 발짝이라도 또 옮겨야 한다.

우리에게 중요한 건 결과가 나쁘면 비난할 이유를 찾고, 결과가 좋으면 침묵하는 결과주의에 빠지지 않는 거다.

끌려다님으로 나아가는 삶, 힘을 빼서 힘이 나는 삶, 내려놓음으로 얻게 되는 삶, 주님만 소유함으로 모든 걸 얻게 되는 삶, 그게 신자의 삶이다.

주님은 궁극적으로 우리를 앵벌이 시켜서 세계 복음화를 이뤄내시려는 게 아니라, 우리가 예수님을 사랑하고 닮아가는 행복을 아는 존재가 되어,

그 존재가 예수님 일이 되게 하시려는 거다. **쓰임 받고 버려지는 소모품이 아니라, 예수님을 닮아, 하나님 영광에 참여하는 존재가 되어 예수님을 전하게 되는, 예수님이 전해질 수밖에 없게 하는 하나님의 파트너로 부름을 받은 거다.** 이 진실이 우리 마음이 확고하면, 우리가 넘지 못할 산은 없다.

주님의 약속과 약속의 성취 사이에는 깊은 골짜기가 있다. 불안과 두려움이라는 골짜기다. 하지만 약속이 반드시 지켜진다면 그 골짜기는 없는 걸 수도 있다.

7 전사와 농부

이사야 27장 1~13절

> 예수님을 제대로 따르는 신자들에게는 예수님이 가지신 두 얼굴이 동시에 나타납니다. 이는 아버지에 대한 신뢰와 예수님을 향한 사랑이 만들어내는 삶의 태도이자 인격의 열매이기도 합니다. 신자에게는 불의에 대해서는 단호히 저항하고 미워하는 강인함이 있습니다. 그러나 예수님의 마음이 흐르는 곳이라면 한없이 낮은 곳이라도 따라나서는 바보 같은 순애도 있습니다. 바로 양립할 수 있는 '진실한 두 얼굴'이 세상을 회복시키는, 생명을 살리는 길입니다.

자기 백성을 향한 편애적인 하나님 사랑은 사실 만민을 위한 포석이었다. 이유는 하나님이 사람을 기계로 지으시지 않았기 때문이다. 먼저 택하셔서 그 사랑에 감동한 소수를 통해 만민을 초대하시려 했던 거다. 우릴 하나님과 대등한 존재로 지어 존중하신 하나님 입장에서 볼 때, 아마 세상을 살릴 길은 오직 그 길뿐이었을 거다.

자기 백성을 향하는 하나님 얼굴은 또다시 따뜻하다. 끝까지 약속을 붙든 자들, 하나님께 답이 있음을 믿고, 흔들리는 와중에도 결국 제자리를 찾는 백성은, 물길이 범람하는 나일강 하수에서 애굽 시내까지, 변방에서 중심까지 모든 소외된 곳에서 세상의 중심까지 가을 대추 열매를 털어 모으듯, 모아들이시는 하나님 손에 담기게 될 거다.

예수님을 지극히 사랑하고 따르면, 우리도 모르는 사이에, 악에 대해선 냉정하고 차가운 얼굴을, 의에 대해선 지극히 겸손한 얼굴을 가지게 될 거라는 거다.

8 누구나 그럴싸한 계획을 가진다. 쳐맞기 전까지는

사도행전 24장 1~27절

> 잔뜩 몸을 부풀리며 신자를 위협하는 세상은, 한 방 크게 얻어맞기 직전까지 왕성한 객기에 불과합니다. 그 앞에서 움츠러들지 않고 담대할 수 있으려면, 그것을 단번에 무력화시킬 진정한 주권자가 누구인지 기억해야 합니다. 스스로 몸을 깨뜨려 나를 살리신 예수의 사랑 말입니다. 아무 대가 없이 끝내 사랑하기로 한 그 사랑. 잔인하게 쳐대는 고통 한 가운데서 피어난 그 강인한 미소를 생각해야 합니다. 그 사랑보다 강한 것은 없습니다. 신자의 영혼이 그리스도의 사랑으로 온통 감싸일 수 있다면, 사방으로 욱여쌈을 당하는 중에도 이미 승리 위에 서 있는 것입니다.

우린 쓰러지기 전까지만 건강을 장담할 수 있고, 내가 선택하지 않은 불행의 늪에 빠지기 전까지만 자신만만하게 떠벌일 수 있다.

대가를 바라지 않는 사랑이 가장 행복하고 아름다운 길이라는 걸 발견한 사람보다 위대한 사람은 없다.

빛은 다만 밝음이 아니라 만물 본래의 색깔을 드러내는 능력이다.

세상이 복음의 상대가 될 수 없는 이유는 듣는 출처가 다르기 때문이다. 종에게 듣는 자가 주인에게 듣는 자를 이길 수는 없다.

5부 — 다시 떨어지며 튀우기를 소망하다 — 반복하는 아름다움에 관하여

9 복음의 길, 고민과 분투의 아름다운 길
고린도전서 10장 16~33절

> 신자의 삶에 반드시 '타자 중심성'이 나타납니다. 타자의 유익을 위해 자신의 권리를 기꺼이 내려놓는 일, 곧 사랑의 자유 말입니다. 이는 단순히 율법의 조항에 저촉되는가를 질문하는 일을 넘어서는 깊고 성숙한 신자의 분투입니다. 예수를 닮아가는 이 여정은 반드시 생명을 살리고, 공동체를 세우는 결실이 따르게 마련입니다. 무엇보다 헤아릴 길 없는 깊은 자유와 만족이 선물처럼 주어질 것입니다.

복음은 우리가 하나님께 영원히 용납됐다는 소식을 통해 우리를 얽매임과 두려움에서 자유롭게 한다. 하지만 동시에, 그 용납의 사랑에 매이게 하고 그 사랑이 두려워지는 역설을 만든다.

신자의 행동은 내 자유 권리 만족을 누릴 수 있느냐를 넘어, 하나님 아들의 핏값이 지불된 사랑과 신뢰의 공동체에, 어떤 긍정적인 영향을 줄 건가에서부터 시작돼야 한다. 법보다 덕이어야 한다는 거다.

절대적 기준이 분명하면서도 회색지대를 인정할 수 있는 자, 회색지대를 좋아하면서도 절대적 기준을 존중하고 따르는 자가 신자다.

10 사랑, 그 깊은 얼굴에 대하여

고린도전서 13장 4~7절

> 사랑은 영원하신 삼위일체 하나님의 사귐만큼 헤아릴 길 없는 끝없는 깊음입니다. 그러므로 중요한 것은, 사랑을 정의 내리는 일보다, 사랑, 그 무한한 깊음의 파편을 관찰하고 헤아리는 여정 그 자체입니다. 바울은 오래 참음, 온유함, 진리를 기뻐함, 세 가지를 통해 사랑이 우리 삶에 작동하는지 확인할 수 있다고 고백합니다. 반면에 사랑을 무력하게 만들려는 반대편의 시도들도 언급했습니다. 시기, 자랑, 교만, 무례함, 자기 유익을 구함, 성냄, 악한 것을 생각함, 불의를 기뻐함과 같은 것들입니다. 주님의 사랑을 닮아간다는 건, 악한 시도를 그치는 것일 뿐만 아니라, 그런 얼굴로 찾아오는 이들을 끝내 인내하신 예수님을 따르는 것입니다.

결국 인생의 모든 문제는 사랑의 결핍과 뒤틀림과 왜곡에서부터 발생한다.

사랑이 그토록 깊은 얼굴을 가진 이유는 그 기원과 본질이 성부 성자 성령 하나님의 영원한 사랑의 사귐에 있기 때문이다.

날마다 새로울 사랑 때문에 영생은 결코 지겨울 새가 없을 거다.

오래 참음은 내 의지가 아니라 나에 대한 하나님의 오래 참음을 기억하는 태도다. 온유는 내 성품이 아니라 크고 넓으신 하나님께 모든 것을 맡겨드리려는 영혼의 지향이다. 진리를 기뻐한다는 건, 진리만 따르겠다는 확고한 결심이 아니라, 하나님이 항상 옳으시다는 진실이 내 모든 판단보다 더 옳다는 믿음을 잃지 않으려는 정한 마음이다.

11 은사의 얼굴, 품위와 질서
고린도전서 14장 1~14절

> 성령은 예수의 영입니다. 그러므로 예수의 영이 허락하시는 은사는, 척박한 땅에 생명을 심고 틔우며 또 다른 생명으로 연결되게 하는, 곧 '내가 죽어 그를 살리는 일'을 위해 주어진 것이 분명합니다. 그러므로 성령의 은사를 사용하는 신자에게는, 타자 중심의 사려 깊은 겸손과, 공동체에 유익을 끼치는 헌신의 순종이 나타납니다.

성숙이란 처한 자리에 가장 적합한 말과 행동이 무엇인지를 알고 행하는 거다.

성령을 좇아 품위 있고 질서 정연한 교회를 세워가는, 품위 있는 신자들에게는 어떤 특정한 태도들이 형성된다. 무엇보다 타자 우선주의, 곧 배려의 영성이다. 또한 자기상대화라는 겸손의 영성이 형성된다. 지금 내가 처한 상황과 지금까지 알아 온 대로는 이게 맞다고 확신하지만, 내 생각이 모든 상황 모든 사람 모든 시대에 절대적일 수 없다는 걸 인정하는 자세가 필요하다. 또한 성령께 즉시 복종하는 태도, 곧 순종의 영성이 형성된다. 하나님 말씀을 받아 전하는 사람은 성령을 통해 자기의 영을 제재할 수 있어야 한다.

12 수난을 이기는 신실함의 뿌리에 감싸여
고린도후서 1장 15~24절

> 예수를 따르려 분투하는 성도는, 비록 상황과 형편으로 설득하기 어렵더라도, 하나님의 신실한 인도하심에 대한 강한 확신을 선물로 받습니다. 지속적으로 말씀 앞에서 점검받으려는 과정에서, 세미하나 선명한 말씀으로 대답해 주심을 경험하기 때문입니다. 평가와 인정에 연연하지 않지만, 만약 누군가의 시선이 비난과 원망할 상황에 몰두해 있다면, 다시 하나님께 옮기도록 용기 있게 변명하기도 마다하지 않습니다. 이러한 신자의 여정은, 결국 누군가를 살리는 일을 위한 선택들로 인정됩니다. 하나님의 신실하심이 신자를 통과해 일하고 계심이 드러나는 것입니다.

가장 좋은 길은, 나를 위해서가 아니라, 상대를 위해 변명하는 거다. 상대를, 여전히 소통이 가능한 사람으로 인정하되, 상대나 나를 믿기보다, 나와 너를 온전히 다스리실 하나님을 믿고 소통하는 거다. 그게 가능할 수 있으면 좋겠다.

우리가 하나님을 변함없이 섬길 수 있는 이유는 우리의 신실함이 아니라 하나님의 신실함 때문이다. 그가 신실하시므로 그를 섬길수록 그의 신실하심에 빠져들고, 그게 점차 내 안으로 스며드는 거다.

예수님 안에서 굳건하게 하신다는 건, 내가 어떤 경우에도 예수님과 그 말씀이 유일한 소망이라는 걸 잊지 않게 하신다는 거다. 우리가 자신의 자존심과 감정, 자기 입장과 처지에 갇혀서 판단하지 않고, 예수께서 가신 길과 그 말씀에 비추어 걷도록 이끄시는 성령님을 의지할 때, 그 길이 참으로 옳다는 걸 마음 깊이 또 온몸으로 경험하게 하신다는 거다.

우리는 내가 하나님의 신실함에 기대어 있는 동안에만 온전할 수 있다는 사실로 인해 숱한 긴장과 두려움과 근심에서 벗어날 수 있다.

13 그럴 수 있다면

고린도후서 6장 1~10절

> 신자는 도달할 길 요원한 희망을 붙들고 사는 존재가
> 아니라, 이미 하나님이 허락하신 찬란한 정체성을
> 누리며 확인하는 존재입니다. 그러므로 먼저 중요한
> 것은 지속적인 '각성'입니다. '내가 어떤 존재로 부름을
> 받았는가' 생각하는 분투가 필요하다는 것입니다. 그
> 과정에서 신자는 그 정체성에 걸맞은 모습으로 계속해서
> 빚어집니다. 무엇보다 나를 부르시고 끝내 약속을
> 이루시는 하나님의 신실하심과 옳으심을 확신할 때, 신자는
> 흔들리는 현실 위에서도 견고하게 두 발을 딛고 예수의
> 사람으로 설 수 있는 것입니다.

내가 소금과 빛이 되려고 애쓰는 게 아니라, 이미 소금과 빛 되게 하신 예수님을 신뢰하고 따르면, 그 말씀이 맞았다는 걸 깨닫게 하실 거라는 거다.

우리 직분은 무엇을 행하려 하기 전에 먼저 하나님과 그가 행하신 일을, 자신에게 전하는 직분이어야 한다. 하나님이 예수님과 더불어 성령 안에서 행하신 모든 위대한 일들에, 내 온몸이 반응하도록 각성하기까지, 자신에게 전하는 거다. 그 각성이 내 몸을 감싸면 그때, 걸맞은 삶의 자세와 태도가 뒤따르는 거다.

신자는 질척거리는 혼란 대신 깨끗함으로 견딘다. 자신의 얄팍한 계산을 버리고 하나님의 옳으심에만 기대는 순결함으로 견딘다. 뭘 모르기 때문이 아니라 가장 본질적인 걸 제대로 알기에 견딘다.

14 믿을 수 있는 사람의 복음적 조건

고린도후서 8장 16~24절

> 각 사람에게 향한 하나님의 섭리를 신뢰할 수 있다면, 우리는 서로에게 신뢰의 얼굴로 다가설 수 있습니다. 나아가 공동체가 하나님의 마음을 헤아리며 함께 마음을 포개어 두는 방향으로 함께 걸어갈 수 있습니다. 만약 이런 신자들이 '복음이 맺게 하는 인격적 열매'를 선물로 얻었다면, 이는 그가 하나님의 목적에 충실히 따르고 있다고 인정할 수 있습니다. 무엇보다 이러한 신자는 그리스도의 몸, 교회를 향한 진실한 사랑을 품은 자들일 것입니다.

서로에 대한 우리 믿음의 출발점은, 나를 믿어주신 하나님의 믿음에 내가 어떻게 반응하느냐 하는 지점이다.

힘들지만, 끝까지 복음이 하게 하는 길을 가보고 싶다. 그게 예수께서 가신 길이기 때문이다. 명령이나 협박 대신 순전한 복음의 사랑, 오랜 기다림으로 우리 안에 진실한 간절함을 창조하신 예수를 따르는 길. 그래서 자발적으로 일어나는 의미 있는 일들에서 늘 환희와 감탄을 느낀다.

우리는 어떤 경우에도, 자신의 인격적 훌륭함으로 세상을 변화시킬 수 없다. 우리에겐 변화의 능력이 없다. 결정적 힘은 복음이다. 복음이 삶의 모든 요소를, 변화를 위한 방향으로 바꾸어 준다. 따라서 믿을 수 있는 사람은 복음이 다스리는 인격을 가진 사람뿐이다.

5부 — 다시 떨어지며 틔우기를 소망하다 — 반복하는 아름다움에 관하여

15 신자의 무기
고린도후서 10장 1~11절

> 우리는 설득력, 침묵, 돈, 지위, 눈물 등 다양한 무기를 사용하지만, 사실 대부분은 자기 자신을 위해 사용합니다. 그러나 복음에 이끌리는 신자의 무기는, 상대를 위한 것이 결국 나도 함께 살리는, 복음의 역설을 드러내게 됩니다. 온유와 관용, 사려 깊은 배려, 육신의 한계를 인정하는 겸손함, 하나님께 대한 복종, 말씀과 기도 등이 신자의 무기가 될 수 있습니다. 모두 예수께 사로잡힐 때 그 힘이 제대로 발휘됩니다. 그러므로 이러한 신자들이 속한 가정과 일터와 직장에서 반드시 생명을 틔워내는 역사가 일어날 것입니다.

나를 위해서가 아니라 그를 위해서 사람 봐 가며 상대하는 게 복음의 길이고 그게 신자의 무기다. 따끔한 충고, 벼락같은 호통이 필요한 사람도 있고, 부드러운 용납이 필요한 사람도 있고, 모른 척해야 할 사람도 있고, 적극 개입해야 할 사람도 있다.

악쓰며 싸우려고 덤벼드는 자를 향해, 하나님께 복종하는 마음으로 "미안해 내 잘못이야"라고 말하는 순간은 패배의 시간이 아니라, 하나님의 뜻이 승리하는 시간이다.

기도를 통해 내 모순이 드러나고, 하나님의 옳으심이 확인되는 건, 성령께서 함께하신다는 명백한 증거다. 성령님은 하나님의 신실하심에 대한 믿음이 내 마음을 가득 채워, 존재 전체로 스며들게 하신다. 그때 하나님께 기꺼이 복종하고 싶은 마음이 불같이 일어나는 거다.

좋은 말씀은 좋은 음식에 비유할 수 있고, 제대로 드리는 기도는 잘 소화시키는 대사 작용에 비유할 수 있다. 좋은 음식이 제대로 소화되면 열정과 힘이 일어나듯, 들음과 읽음을 통해 먹게 되는 좋은 말씀이 잘 소화되면, 우리 삶에 새 창조의 능력이 일어난다.

계절의 리듬 안에서
함께 부르는 노래

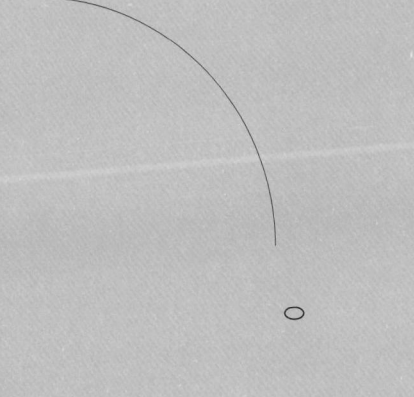

| 봄

1. 고난주간
2. 부활주일 (1)
3. 부활주일 (2)
4. 부활주일 (3)
5. 가정의 달 (1) 부부
6. 가정의 달 (2) 부모와 자녀

| 여름

7. 맥추감사주일

| 가을

8. 종교개혁주일
9. 추수감사주일

| 겨울

10. 성탄절
11. 송구영신예배
12. 신년감사예배

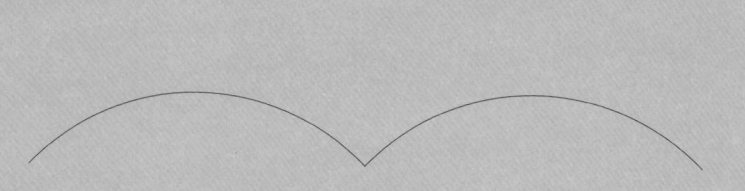

1 고난주간

그때 '아바 아버지'라는 이름을 잃었다. 그래서 '나의 아버지 나의 아버지 어찌하여 나를 버리시나이까'라고 외치는 대신, '나의 하나님 나의 하나님 어찌하여 나를 버리십니까'라고 외칠 수밖에 없었다. 가장 아버지가 필요했던 그 가혹하게 고독한 시간에, 아버지의 이름을 부를 수 없도록, 그 이름을 벌써 우리에게 주셨던 거다.

봄

녀름

2 부활주일 (1)

첫 아담의 속성은 의심과 두려움의 불순종이었고, 둘째 아담의 본질은 사랑과 신뢰의 순종이었다. 하나님을 제대로 알게 된다면, 사랑할 수밖에 없는 사랑으로, 순종할 수밖에 없는 순종으로, 죽음과 두려움을 이긴다는 게 둘째 아담이 온몸으로 남긴 메시지였다.

결국 부활의 약속을 몸에 담은 신자에게, 죽음은 이미 지나간 거나 마찬가지다. 인생의 결론인 부활의 영광이 우리의 현실이 되게 하실 왕이 귀환한다는 약속은, 고단한 오늘을 두 눈을 똑바로 뜬 채 뚜벅뚜벅 걷게 할 수 있다. 함께 걷는 동료들을 보며 용기를 내게 할 수 있다. 어느 순간 걷힌 안개 뒤편에 서 계셨던 주님의 미소를 보게 할 수 있다.

봄

가을

3 부활주일 (2)

순종은 믿음의 대상에 대한 믿는 자의 마땅한 도리다. 종교적인 순종은 그렇게 안 하면 손해이기 때문에 하는 거지만, 복음적인 순종은 하나님이 옳으시므로, 옳으신 하나님을 온전히 신뢰하고 사랑하게 됐기 때문에 하는 서다. 그래서 우리의 순종은, 하나님의 옳으심이, 사랑과 신뢰를 통해 내 마음과 몸을 통과하는 과정이라고 할 수 있다. 그런데, 예수님의 부활은 세상을 구하시는 하나님의 옳으심이 확증된 사건이었다. 부활을 통해 하나님의 옳으심이 완전하게 드러났기 때문에, 부활하신 예수님과 연합한 신자들만, 기꺼이 위험과 희생의 대가를 치르며 순종할 수 있는 거다.

날마다 죽는다는 건 날마다 하나님이 주신 생명을 진짜로 살아내고 싶다는 말이다. 결국 하나님이 주신 생명을 날마다 진짜로 살아내려면, 부활의 복음이 작동해서, 하나님께 속하지 않은 것들이 내 안에서 매 순간 죽어도 괜찮다는 걸 제대로 알아야 한다.

==하나님을 제대로 안다는 건, 부활의 확실성 위에서, 하나님 한 분만으로 충분하다는 진실이 모든 긴박하고 초조한 상황을 압도하게 만드는 거라고 할 수 있다.== 날마다 죽어 모두를 살리고 결국 내가 사는 삶에 어울리는 태도는, 내 현실과 상황이 아니라 하나님의 진실에 깨어있는 거다. 그렇게 되면 우리 마음은 주님 한 분만으로 충분하다.

4 부활주일 (3)

죽어 땅에 들어간 후 시신에 발생하는 현상을
물리적으로는 부패라 하지만, 창조주의 진실에 따르면,
파종이다. 영원히 썩지 않을 생명으로 다시 살아나기
위한 파종이다. 나이가 들고 병들고 사고로, 누추한
몸이 되어 화장터에서 재가되고 땅에서 부패하지만,
하나님의 생명의 호흡과 함께 영광스럽고 강한 깃으로,
신령한 몸으로 다시 살아날 거다.

부활의 몸은 일차적으로 미래에 속한, 시간의 사건이다.
하지만 더 중요한 건, 그게 현재뿐 아니라 미래까지의
모든 시간을 지배하는 소속의 사건이라는 거다.
아직 오지 않은 미래보다 더 중요한 건, 지금 여기서
내가 땅에서 난 자인 첫 사람 아담에게서 벗어나,
하늘에서 오신 마지막 아담 예수께 속한 자로 사는
거다. 그때 우리는 아직 오지 않은 미래까지도 현재
사건으로 경험하게 된다.

봄

꽃

날파

5 가정의 달 (1)
   부부

감상적으로 신앙 생활하는 사람은, 자기 기분이 자기 안에 계시는 주님을 살렸다 죽였다 한다. 예수님이 역사하시느냐 안 하시느냐 하는 것을 자기 감정이 다 결정하도록 방치한다. 좋은 일이 생겨서 기분이 좋으면 예수님은 살아나시고, 나쁜 일 때문에 기분이 더러우면 예수님은 곧바로 사망하신다. 하지만, 신앙생활에서 가장 중요한 것은 내 감상적인 느낌이 아니라, 그런 느낌과 상관없이 여전히 살아 계시고 여전히 일하시는 주님과 주님의 약속이다.

감정이나 기분이 끌어가면 성숙한 결혼생활은 불가능하다. 내 결혼에 관여하셨을 게 분명한 하나님, 그렇지 않으셨더라도 내가 이미 시작한 결혼생활에서 할 수 있는 한 잘 살기를 기대하시는 하나님, 아니 부부생활을 논하기 전에, 내 존재 자체가 하나님이 주신 복음의 자유와 부요함을 누리며 살기를 지극히 원하시는 하나님이 나를 끌어가시게 해야만 한다.

봄

가을

6 가정의 달 (2)
부모와 자녀

하나님이 정하신 원리는, 부모들이 진리를 살고, 자녀들에게는 진리를 요구하는 대신 사랑을 흘려보내는 방식이어야 한다. 자녀들이 그 사랑을 깨닫는 만큼 진리를 향하게 될 것이고, 그렇게 되면 부모도 살고 자녀도 산다. 진리와 사랑이 경쟁하지 않고 협력하는 거다.

예수님의 복음의 큰 능력은, 복음의 위대한 전염성이다. 복음적 사고와 복음적 삶의 태도는 반드시 사람들로 하여금 질문하게 만들고, 그 질문을 통해 질문하는 사람들은 변화를 경험하게 된다는 거다. 그렇게 되면, 그 변화와 생명은 다음 세대까지 자연스럽게 이어지게 된다는 거다.

봄

가을

7 맥추감사주일

내 생각에 갇혀 내 것만 챙기려는 욕망의 집에서 나와, 하나님의 초대에 참여하는 행동이 은혜다. 나도 형편이 어렵지만 다른 지체들을 도우려는 마음을 먹을 만큼, 마음의 깊은 부요함을 가지게 되는, 예수로 배부른 은혜다.

신자의 존재 목적이 하나님의 사랑이 확장되는 여정에 참여하는 거라면 십자가는 필연이다. 따라서 헌신과 희생이 필연적이라면, 우린 헌신할수록 은혜가 더 커진다는 걸 믿어도 된다.

순종할 수 있다면 길은 하나뿐이다. 날 위해 목숨 내놓으시고 다시 사신 예수님이, 지금 내 현실이라는 걸 믿을 때만 할 수 있다. 만물의 주인이 자신을 내주어 가난하게 되심으로 결국 나를 영원히 부요케 하셨다는 사실이 믿어질 때만, 우린 있는데 없는 척하지 않을 수 있고, 없는 중에도 내놓을 수 있고, 하나님의 옳으심을 볼 수 있다.

여름

봄

8 종교개혁주일

하나님만 섬긴다고 하면서도 우상 숭배하는 자들이
있었다. 하나님만 섬긴다고 자부하는 그의 자만심이 곧
그의 우상이었을 가능성이 크다.

가장 본질적으로 중요한 것은 우리가 무엇을 하는 게
아니라 하나님께서 하신 것과 하실 것을 '받는 거'다.
씻어 주시는 은혜를 받고, 거룩 곧 하나님께 속한 자로
구별하셨고 또 구별하실 은혜를 받고, 이미 선언되어
영원토록 유효할 '의롭다 하심'을 받는 거다. 주시는
순간부터 매일의 오늘을 거쳐 그 은혜가 영원토록
계속되는 것은, 그 은혜가 영원하신 예수님의 이름으로,
영원하신 하나님의 성령 안에서 이루어졌고 이루어지고
있고, 또 이루어질 은혜이기 때문이다.

가을

9 추수감사주일

은혜로 산다는 건 "하나님 아시지요?"라는 믿음 좋아
보이는 말로 하나님께 맡긴 채 막연하게 기다리는
게 아니다. 오히려 그게 주님의 뜻이라면, 그 뜻에
참여하기 위해 내가 무엇을 어떻게 할 수 있는지 주님께
지속적으로 여쭙고 대답하는 과정을 포함하는 거다.

형식적으로는 하나님께 바치는 것 같지만, 실제로는
자신의 욕망에게, 자신의 불안에게 헌금할 수
있다. 자신의 욕망과 불안에게 자원하는 마음으로,
하나님께는 억지로 하는 거다. 바로 가인의 헌물이다.
가인의 헌물이 거절당한 이유는 제물의 가치가
낮아서가 아니었다. 가인의 문제는 헌물을, 하나님이
아니라 자기 자신에게 바친 거였다.

돈은 우리 삶을 움직이는, 심지어 삶을 좌우하는 것처럼
보이는 아주 중요한 축이다. 하지만, 돈을 움직이는
결정적인 축은 마음이다. 그런데 마음은 항상 두 갈래
길을 만난다. 한 길은 의심과 두려움에 사로잡혀
자기만 믿을 수 있을 것처럼 웅크리는 음산한 길이다.

다른 길은, 주님에 대한 깊은 사랑과 신뢰에 감싸여 두 손을 벌리고 다 내어주는 것 같은데도 여전히 부요하고, 기꺼이 죽으려 하는데도 여전히 살고, 믿음의 모험에 과감하게 뛰어드는데도 여전히 안전한 밝고 단단한 길이다.

10 성탄절

왕의 귀환과 함께 '죽으면 끝'이라는 두려움과,
두려움의 부산물들인 초조, 불안, 의심 등을 쉬지 않고
퍼뜨리는 가짜 왕의 통치는 끝날 것이다. 왕의 귀환을
기다리며 왕의 통치를 받는 백성으로 살 것인지,
여전히 가짜 왕을 따를 것인지 결단해야 한다.

온 땅이 생명 가득한 빛과 사랑의 평화로만
채워지도록 영원히 통치하실 것이다.

겨울

농사

11 송구영신예배

그분과 그분의 완전히 정의로운 심판이 있다는 사실은
용서할 수 있게 한다. 억울한 것 같아도 견디고, 버티고,
기다리고, 사랑할 수 있게 한다.

끝이 있다는 걸 두려워하는 건 잘하는 거다.
끝이 있다는 걸 소망한다는 건 더 잘하는 거다.
내 모든 행위와 은밀한 일들을 알고 정확하게
판단하시는 분이 계신다는 걸 두려워하는 건 잘하는
거다. 그런데 그분이 계신다는 걸 반가워한다는 건
더 잘하는 거다. 마지막 심판이 있다는 사실을
두려워하는 건 잘하는 거다. 마지막 심판이 있다는
것을 반길 수 있는 사람은 더 잘하는 거다.
이 모든 것이 가능하게 하신 분이 우리 예수님이시다.

겨울

12 신년감사예배

나 자신의 변화가 모든 변화의 시작인 거다. 아니, 모든 변화의 시작이 내 변화여야만 한다.

흐려진 개울물은 휘저을수록 더 흐려질 뿐이다. 새 물이 흘러 들어오도록 가만히 기다리면서 서서히 맑아진다. 마찬가지로 우리 머리와 가슴에 하나님 말씀이 자꾸 들어와야 한다. 먼저 인정해야 한다. 살아가는 현실과 상황이 이렇듯 복잡하고 애매한 게 당연하다는 사실, 내가 할 수 없다는 사실, 그리고 내가 스스로 하고자 한 시도들이 무능했다는 사실을 기꺼이 인정하는 거다. 마음이 가난해진다. 가난해진 마음으로 말씀이 조금씩 들어오기 시작한다. 그 과정에서, 이전에도 알고 있긴 했으나 무료한 지식에 불과했던 것들이, 이젠 완전히 새로운 확신으로 나를 채우기 시작한다.

하나님이 '굳세어라'라고 하시는 건 우리 의지에 대한 호소도 아니고 기도하겠다는 말씀도 아니다. 함께 하시겠다는 약속이다.

우린 매일 하루 만큼씩 더 죽음의 시간에 다가가는 게 아니라,
매일 그 약속의 완성을 향해 다가가는 중이다.

The Bride in All Seasons

씨앗들의 노래:

떨어져, 엉겨 붙어, 약속을 틔우는

초판 1쇄 발행   2025년 9월 25일

지은이	정갑신
펴낸이	전하영
책임편집	김성웅
디자인	김유선
홍보·마케팅	아이파이 | 박세철 전민흠 신준현
펴낸곳	GOMINS
주소	경기도 용인시 수지구 수지로 324번길 32 5층
이메일	book@gomins.kr
홈페이지	www.gomins.kr
출판등록	2025년 4월 29일 제2025-000073호
ISBN	979-11-994899-0-5 03230

ⓒ저자와의 협의에 따라 인지는 생략되었습니다.
이 책은 저작권법에 따라 보호를 받는 저작물이므로 무단 전재와 복제를 금합니다.
책 값은 뒤표지에 있습니다. 잘못된 책은 구입하신 곳에서 바꿔드립니다.